ŒUVRES COMPLÈTES

De Rutebeuf,

TROUVÈRE DU XIIIᵉ SIÈCLE.

Paris.- De l'Imprimerie Alcan-Lévy, 61, rue de Lafayette.

ŒUVRES COMPLÈTES

De Rutebeuf,

TROUVÈRE DU XIIIe SIÈCLE.

Recueillies et mises au jour pour la première fois,

PAR

*A*CHILLE JUBI*N*AL,

EX-PROFESSEUR DE FACULTÉ, ANCIEN DÉPUTÉ.

NOUVELLE ÉDITION,
revue et corrigée.

TOME PREMIER.

PARIS,
PAUL DAFFIS, ÉDITEUR-PROPRIÉTAIRE
DE LA BIBLIOTHÈQUE ELZEVIRIENNE,
7, rue Guénégaud.

M DCCC LXXIV.

Notice sur Rutebeuf.

PARMI les nombreux poëtes qui, grâce à leurs compositions satiriques ou joyeuses, amenèrent durant le XIIIe siècle la langue d'oil à son point culminant de perfection et de progrès, celui dont le nom a été jusqu'ici le plus généralement répété avec éloges et dont il importait de mettre au jour, préférablement à celles de tout autre, les œuvres, restées depuis six cents ans manuscrites, — celui-là, disons-nous, est sans contredit le trouvère Rutebeuf.

Contemporain de ce prince dont la fervente piété précipita les barons chrétiens contre les sectateurs de Mahomet, — tenant au peuple par sa naissance, aux lettrés par son esprit, à la cour par sa profession, — ayant assisté, sans y prendre part, il est vrai, à de grands événements politiques, mais ayant, par ses poésies, coopéré d'une manière active au notable mouvement littéraire du xiiie siècle, ainsi qu'aux grandes luttes de l'Université et des ordres religieux, ce poëte offre dans ses écrits le reflet curieux et exact des préjugés, des passions, du langage, des connaissances de son époque.

Pourtant il n'en est point peut-être sur lequel l'histoire soit restée plus muette, car nul de ses contemporains, poëtes ou chroniqueurs, ne nous a transmis son nom. Ce fait est d'autant plus singulier que les trouvères des xiie et xiiie siècles se nomment entre eux à chaque instant et se font des *envois* réciproques de leurs poésies; mais ce qui n'est pas moins bizarre, c'est que Rutebeuf ne cite aucun des poëtes de cette époque. Était-ce jalousie ? La division régnait-elle alors comme aujourd'hui parmi ceux qui cultivaient les lettres ? Nous l'ignorons ; mais nous devions faire remarquer le silence réciproque de notre trouvère et de ses rivaux.

J'irai plus loin même.

Rutebeuf était-il bien le nom de notre poëte ? N'était-ce pas plutôt un surnom, un nom de guerre ? Je serais assez porté à le croire, et l'absence de tout prénom ou nom de baptême (c'était l'usage alors, encore plus qu'aujourd'hui, d'en donner et de s'en servir), semblerait un indice favorable à ma supposition. Le silence de notre poëte à ce sujet est d'autant plus inexplicable, s'il n'est point un parti pris, que Rutebeuf, ainsi qu'on le verra dans ses pièces elles-mêmes, joue à chaque instant sur son nom, qu'il fait venir de *rude* et de *bœuf,* de *rudèce* et de *rude œuvre, etc.*

Voilà pour lui-même et pour ses contemporains à propos de sa personnalité ; mais il y a plus : c'est à peine si quelques érudits modernes ont essayé de rompre la chaîne de l'injuste oubli qui pesait sur ses œuvres; encore se sont-ils montrés presque tous inexacts ou trop sévères. Le premier d'entre eux, Fauchet, dans son *Origine de la langue et poésie françoises* (Paris, au logis de Robert Estienne, 1581), fait finir beaucoup trop tard la vie de Rutebeuf.

Voici ce qu'il dit de notre poëte :

« Rutebeuf fut un menestrel, duquel on trouve plusieurs fabliaux (c'est-à-dire contes de plaisir et nouvelles), mys en ryme : et encore des plaintes de la terre sainte, adressées au roy S. Louis, au comte de Poitiers et à la noblesse de France : pour secourir messire Geoffroy de Sargines, vaillant chevalier qui la défendoit à son pouvoir. La plainte d'Anceau de Lisle est aussi du dit Rutebeuf. Il a fait en vers la vie de S. Elisabet de Turinge qu'il présenta à Isabel Royne de Navarre. Il semble qu'il a aussi faict *le dit des ordres de Paris.*

C'est luy (à mon advis) quy a fait le fabliau du *Clerc et de la Dame qui voloit voler*.

« Rutebeuf a vescu longuement et le plus sous le règne de Sainct-Louys. Toutefois par une de ses œuvres, il semble qu'il soit venu jusques à l'an 1310. »

Telle est la première mention que nous trouvons de Rutebeuf. Elle contient plusieurs erreurs. En premier lieu, Rutebeuf ne présenta pas *la Vie de sainte Élisabeth* à la reine Isabelle de Navarre, il la composa seulement pour elle. On peut s'en assurer à la fin de cette pièce dans la présente édition. En second lieu, le fabliau du *Clerc et de la Dame qui voloit voler*, dont Fauchet dit avec raison : « Je ne fay doute que ce fabel n'ait donné occasion à Boccace de faire la xe nouvelle de la ixe journée de son *Décaméron*, » n'est pas de Rutebeuf. Aucune des œuvres de notre trouvère ne donne à penser qu'il a vécu aussi longtemps que le conjecture Fauchet; du moins ne rencontre-t-on, dans ses poésies, aucune circonstance qui autorise à fixer, même approximativement, la date qu'on indique, les allusions les plus rapprochées de nous, faites par Rutebeuf, s'arrêtant à 1285.

Legrand d'Aussy suit les erremeńts de Fauchet sans savoir pourquoi; çà et là, il traite tantôt trop bien, tantôt trop mal notre poëte. Barbazan et Méon, dans leurs recueils, rapportent diverses pièces de Rutebeuf sans dire un mot de l'auteur.

Marie-Joseph Chénier, dans une de ses leçons prononcée en 1806 à l'Athénée (leçon sur *les Fabliaux français*), parle ainsi de Rutebeuf : « Parmi les auteurs de nos vieux fabliaux, Rutebeuf est le meilleur, sans contredit. Ce fut à la fin du règne de Louis IX qu'il écrivit ses premiers ouvrages. Il mourut, comme Jean de Meung, la dixième année du XIVe siècle. » Où Chénier prend-il les éléments de cette affirmation ? — Dans Fauchet, sans aucun doute; et celui-ci, nous venons de le voir, n'indique aucune source.

Roquefort, dans son livre intitulé : *De l'État de la poésie française au* XIIe *et* XIIIe *siècles*, attribue à notre trouvère deux pièces qui ne lui appartiennent pas (*Le Dit des Tabureors* et la fable de *l'Asne et du Chien*), et, dans la table alphabétique placée à la fin de son *Glossaire de la langue romane*, il ajoute à l'erreur que constituent l'opinion de Fauchet et celle de Legrand d'Aussy sur la mort de Rutebeuf, une erreur encore plus grande en disant que Rutebeuf *fut exilé pour avoir composé une satire contre la prétendue pauvreté évangélique des moines*. Ces inexactitudes de Roquefort sont d'autant plus surprenantes qu'il cite comme autorités le Ms. 7218 et la page 55 du tome III de Barbazan. Or, précisément le Ms. 7218 où les poésies de notre trouvère sont réunies en corps, ne range point parmi elles les pièces en question, et Barbazan garde le silence relativement à l'auteur de la fable qu'il rapporte. Une des preuves que *la Dame qui vouloit voler* n'est point de Rutebeuf, c'est que, dans son remarquable *Discours sur l'état des lettres au* xiiie *siècle* (t. xvi de l'*Histoire littéraire de la France*), Daunou [1] s'exprime brièvement sur Rutebeuf, et ne cite pas ce fabliau parmi les contes qui lui sont dus. M. Paulin Paris garde la même réserve dans son travail sur Rutebeuf, tome xx du même recueil. Quant à l'exil dont Roquefort gratifie notre spirituel et malin rimeur, il le confond avec celui du grave théologien Guillaume de Saint-Amour. Cet exil que notre poëte chanta, mais qu'il ne subit pas, lui fournit du moins l'occasion de se livrer à un acte de courage qui rappelle, d'une manière plus désintéressée et plus énergique, celui de La Fontaine à propos de Fouquet : « Pleurez, Nymphes de Vaux, etc. »

Le savant auteur du discours *Sur*

---

1. Voici les paroles de Daunou : « Les quinze dernières années du xiiie siècle nous fournissent, parmi les conteurs français, Haisiaux, Jean de Boves et Rutebeuf. »

l'état des lettres en France au XIIIe *siècle*
(voyez tome XVI de l'*Histoire littéraire*),
prolonge également la vie de Rutebeuf,
— allégation que rien ne justifie, — jusqu'au commencement du XIVe siècle, et se
fondant, il est à croire, sur les assertions de
Roquefort, il augmente un peu comme
lui le bagage littéraire de notre poëte en
lui accordant la paternité du *Dit des Tabureors*[1]. Enfin, un des plus spirituels collègues de Daunou, M. Paulin Paris, conservateur honoraire à la Bibliothèque nationale
et ancien professeur au Collége de France,
commence le travail spécial qu'il a consacré
en 1842 à notre trouvère, dans le tome XX
de l'*Histoire littéraire de la France*, par
ces paroles, que nous nous plaisons à répéter : « Le poëte dont nous allons nous
occuper, ne doit rien, jusqu'à présent,
aux écrits de ses contemporains. Bien
que plusieurs de ses compositions aient

---

1. J'ai imprimé cette pièce dans mon recueil intitulé :
Jongleurs et Trouvères.

été maintes fois reproduites dans les compilations du XIVe et même du XVe siècle, on ne voit pas que nul auteur de ces temps-là ait prononcé son nom, ait cité quelque trait de sa vie, ou même une seule fois lui ait fait honneur de ses propres ouvrages. Si quelque part, ailleurs que dans ses vers, on trouve une allusion dont on puisse lui rapporter l'intention, elle est tellement vague qu'il serait impossible de le reconnaître, en l'absence des productions qui l'ont inspirée. Ainsi Rutebeuf ne vit que dans ses vers; seul il nous a quelquefois entretenus de lui-même, et c'est dans le génie de ses ouvrages, dans leur caractère souvent contradictoire, que nous chercherons tout ce qu'il nous est permis de dire et de sa propre histoire et des habitudes de son esprit. Rutebeuf fut un des trouvères les plus féconds du grand siècle des trouvères, et si tant de précieuses compositions ne font pas disparaître l'obscurité qui recouvre sa vie, du moins leur devrat-on de mieux nous apprendre quelles étaient, en général, la position et les ressources de tous ceux qui, dans ce temps, faisaient de la poésie métier et profession ouverte. »

C'est aussi le sentiment qu'avant M. Paulin Paris nous exprimions nous-même, dans la préface de notre première édition de Rutebeuf, lorsque nous disions :

« Heureusement, grâce à quelques pièces composées par lui touchant diverses circonstances de sa vie, — grâce à une étude approfondie de ses œuvres, — et aussi au rapprochement de quelques détails jetés çà et là comme au hasard dans les pièces sorties de sa plume, nous croyons pouvoir esquisser assez fidèlement la physionomie, j'allais presque dire la biographie de Rutebeuf. Qu'on ne s'attende pas néanmoins à trouver dans nos paroles le récit des actions du vieux rimeur : ses vers ne nous apprennent rien à cet égard, ce qui est fâcheux, car nous n'eussions pas manqué d'y relever quelques particularités curieuses pour l'histoire des mœurs; mais on verra du moins, par ce que nous extrairons de Rutebeuf lui-même, quel genre d'existence il a mené, quels étaient ses protecteurs, ses ennemis, ses opinions, ses vices. »

J'arrive maintenant à la vie en même temps conjecturale et réelle de notre poëte.

RUTEBEUF, ou plutôt *Rutebuef*, ou encore *Rustebuef*, et quelquefois *Rustebués*, *Rudebués*, comme on trouve dans les manuscrits, était, selon toute probabilité, natif de Paris. Daunou, dans son *Discours sur l'état des lettres au XIIIe siècle*, t. XVI de l'*Histoire littéraire*, page 210, dit à ce sujet : « La Picardie et les autres provinces septentrionales étaient alors les plus fertiles en versificateurs doués de quelque talent. Toutefois, on ne connaît pas très-bien la patrie de Rutebeuf, qui est, sans contredit, l'un des plus habiles, et tout à fait « le meilleur » selon Chénier. Mais je n'en pense pas moins, malgré cette hésitation de Daunou, que Rutebeuf, bien qu'il n'ait pas, ainsi que son confrère Villon, poussé la précaution et la singularité jusqu'à instruire la postérité du lieu de sa naissance dans une épitaphe, était venu au monde en la bonne ville de Paris et qu'il y mourut; du moins nous apprend-il par maint endroit de ses œuvres qu'il y habitait, et tout nous porte à croire qu'il l'a peu quittée. Une considération de quelque intérêt vient, d'ailleurs, confirmer cette croyance. Si Rutebeuf fût sorti d'une de nos provinces, on n'eût point manqué de trouver dans son langage des traces de cette origine, et il eût employé tout naturellement, comme ont fait les trouvères artésiens ou picards, un grand nombre de termes propres au pays dans lequel il aurait été élevé. Eh bien! ce poëte, au contraire, est partout un écrivain puriste; il parle la langue romane du centre (celle dont on se servait à Paris), et l'on ne rencontre nulle part chez lui les lourdes terminaisons normandes ou les traînantes et tristes accentuations picardes. J'insiste d'autant plus sur ce point que c'est là une qualité rare, et que Paris, alors comme aujourd'hui, était pour la langue, ainsi que pour le reste, le foyer central du bon goût et du progrès. C'est ce que Pasquier a fort bien fait sentir en disant de Villehardouin qu'il a écrit non *en naïf françois*, mais en *ramage* de son pays, et ce que confirme, par les vers suivants, Jean de Meung, l'auteur du *Roman de la Rose* :

> Si m'excuse de mon langage,
> Car ne suis pas de Paris...
> Mais me rapporte et compère
> Au parler que m'apprit ma mère.

Feu Chabaille (*Journal des Savants*, 1839, pag. 43 et 280) a voulu néanmoins faire de Rutebeuf un Champenois, et il a fondé cette opinion : 1° sur ce que, dans une des leçons de *Renart le Bestourné*, il a cru distinguer « *l'orthographe de la province rémoise;* » 2° sur ce que dans un passage de l'*Herberie Rutebeuf*, il est dit : « En cele Champaigne où je fus nez, etc.; »

mais, comme le fait très bien observer M. Paulin Paris, il y a trois manuscrits principaux des ouvrages de Rutebeuf, et ces manuscrits présentent non pas trois différents dialectes, mais trois preuves d'une variété d'accentuation dans le langage des copistes. Que peut-on conclure de là ?

Quant à l'appui que Chabaille croit trouver pour son second argument dans la phrase que nous avons citée du *Dit de l'Herberie*, il ne paraît pas plus solide à M. Paris que l'argument tiré de l'orthographe.

En effet, les quelques mots sur lesquels il s'appuie, concluants peut-être ailleurs, ne signifient rien dans l'espèce. D'abord, le mot *Champaigne* ne peut, selon M. Paris, offrir là où est placé d'autre sens que celui de *campagne* ou de grande vallée. Je crois que M. Paris se trompe; mais en admettant même, et selon moi c'est la bonne leçon, que Rutebeuf ait réellement voulu parler de la province de *Champagne*, qu'importe la chose ? Le *Dit de l'Herberie* n'est pas une pièce sérieuse, mais une œuvre bouffonne. Il est d'un bout à l'autre une raillerie, une contre-vérité, parfois même une injure au bon goût et au bon sens. Rutebeuf, en outre, n'y parle pas en son nom, mais en celui d'un prétendu ou plutôt d'un véritable *charlatan* de place publique, dont il s'amuse à nous retracer la plaisante allocution. S'ensuit-il qu'on doive lui appliquer à lui-même tous les traits, toutes les paroles qu'il prête à son burlesque héros ? Évidemment non. Autrement nous serio· obligé de prendre à la lettre et de mettre comme vraies au compte du trouvère, toutes les excentricités que prononce le charlatan pour le sien. Ainsi, nous devrions croire que Rutebeuf *a passé la mer, qu'il est allé en Morée, à Salerne, en Pouille, en Calabre, etc.*, ce que rien ne fait supposer dans ses poésies, et ce qu'il n'a jamais prétendu.

M. Paulin Paris, lui, est d'un autre

avis. Après avoir dit que notre poëte était *né dans une famille et dans une province de France, qu'il ne nous a pas fait connaître et qu'il est même assez difficile de deviner,* il ajoute : « Quant à nous, sans trancher une question que l'on n'a pas les moyens de résoudre, nous penchons à placer la patrie de Rutebeuf dans le diocèse *de Sens et non loin de la terre de Sargines.* C'est surtout en parlant des vers qu'il a consacrés à Geoffroi de Sargines que nous pourrons revenir sur cette conjecture, et la présenter *comme une des plus vraisemblables.* »

En effet, pag. 761, du tome XX de l'*Histoire littéraire,* après avoir cité quelques vers de Rutebeuf à l'éloge du *bon chevalier,* M. Paulin Paris dit : « L'attention de Rutebeuf à rappeler les qualités privées et la courtoisie de Geoffroi de Sargines, atteste que le poëte avait été autrefois reçu dans sa familiarité. Or, la baronnie de Sargines ou Sergines était située près de

Sens, sur les limites de la Champagne et de la Bourgogne, et si l'on fait attention à ces vers, on pourra conjecturer que l'enfance de Rutebeuf s'était écoulée dans le voisinage du château de Sargines ; conjecture qui sera fortifiée encore par un méchant vers de la *Griesche d'eſté*, où ce jeu semble accusé d'avoir appauvri la Bourgogne. Qu'il nous soit donc permis de joindre ces rapprochements à ceux que l'on a déjà faits pour constater le véritable lieu de naissance de Rutebeuf. »

Telles sont, *in extenso*, les raisons que donne M. Paris. Je regrette bien vivement de n'être pas plus convaincu par elles qu'il ne l'a été lui-même par les arguments de Chabaille. Je ne crois pas le moins du monde que Rutebeuf ait été reçu *dans la familiarité* de Geoffroi de Sargines. Autrement, il faudrait le placer aussi dans celle de la reine de Navarre, du comte de Poitiers, du comte de Nevers et autres grands seigneurs qu'il chante. Quant à la seconde conjecture, tirée de ce que l'enfance de notre trouvère se serait écoulée près du château de Sargines, elle n'est pas plus solide que la première. Comme il entre, en ses diverses *complaintes*, sur les personnages dont il parle, dans les mêmes détails, à peu de chose près, que ceux qu'il donne sur Geoffroi de Sargines, on serait obligé, pour être logique, de dire que son enfance s'est successivement, ce qui n'est pas admissible, écoulée en Champagne, en Poitou, en Languedoc, en Nivernais, etc.

Ces conjectures de M. Paulin Paris sont certainement très spirituelles, mais comme je ne les trouve pas plus justifiées que celle qui est relative à la Bourgogne, je persiste dans mon allégation personnelle, et je soutiens — *qui qu'en groigne* — que Rutebeuf était *purement et simplement un Parisien*, un fils des halles, comme Villon, Molière et Boccace.

Maintenant quelle profession exerçait

notre héros? Hélas! il était *trouvère*, c'est-à-dire assez misérable. Il ne paraît pas, du reste, avoir été vielleur ainsi que Colin-Muset, — faiseur de tours ni montreur d'ours (voyez Le Dit des Deux Troveors) comme le furent quelques-uns de ses confrères, si l'on s'en rapporte à des écrivains faisant autorité en cette matière. Tel est Daunou, par exemple, qui a dit, tome XVI de l'*Histoire littéraire de la France* : « Les trouvères s'associaient pour partager le travail de la composition de certaines pièces, ou bien les exercices de la déclamation, de la musique vocale et instrumentale adaptée à quelques autres; car ils étaient d'*ordinaire* chantres et musiciens en même temps que poëtes; et plusieurs, puisqu'il faut l'avouer, exerçaient le métier de *bateleurs* : ils amusaient le public et quelquefois la populace, par des tours d'adresse autant que par les productions de leur verve. Ils tenaient lieu de comédiens, et il n'y avait guère alors d'autres spectacles que leurs déclamations, leurs chants et leurs jongleries. Les surnoms ou sobriquets qu'ils se donnaient mutuellement, *Brise-Tête, Brise-Barre, Tue-Bœuf, Ronge-Foye, Tourne-en-Fuite*, *etc.*, n'étaient pas propres à relever leur profession aux yeux des peuples. »

Rutebeuf était un homme plus grave et un poëte plus sérieux. Son *Herberie*, spirituelle parade de carrefour et de place publique, me semble avoir été composée plutôt comme modèle du genre que comme pièce à son usage personnel ; rien ne prouve qu'il la débitât lui-même, ni qu'il en fût venu à ce point d'abaissement de vendre sa poésie à deniers comptants sur le champ de foire du Lendict ou dans l'enceinte du grand marché des Champeaux. A la vérité, nous voyons par une de ses pièces (*Le Dit de Charlot le Juif*), qu'il se rendait aux noces, aux festins, pour contribuer probablement, comme les autres ménestrels, à leur éclat par ses vers, et recevoir des présents en échange. Dans un passage de *La Complainte Rutebeuf*, il nous apprend même que son cheval (ce qui prouve au moins qu'il en avait un) s'est brisé la jambe à une *lice;* mais on remarquera déjà que ces faits le mettent au-dessus de la classe vulgaire des jongleurs, puisque dans une noce il ne s'adressait pas à un public de hasard, au public des rues, et qu'en se rendant aux tournois il y cherchait vraisemblablement, non la foule, comme les récitateurs de bas étage, mais les grands seigneurs, qui paraissent avoir composé, si l'on peut s'exprimer ainsi, la plus grande partie de sa clientèle. Il faut, d'ailleurs, observer que l'*Herberie Rutebeuf* est la seule des pièces de notre trouvère qui semble réellement destinée à la populace. Quelques-unes de ses autres compositions, ses fabliaux, par exemple, sont parfois assez libres et souvent de mauvais goût; mais nulle part ils ne commencent, non plus que ses complaintes et ses pièces satiriques, par une prière aux auditeurs de faire silence, de prêter l'oreille à ce qu'on va leur faire entendre, et jamais ils ne se terminent par une invocation à leur générosité, choses qui forment pourtant le caractère spécial des compositions faites pour être débitées dans la rue ou dans les carrefours. Quant à ses pièces sur lui-même, elles sont adressées à certaines personnes seulement. L'une se termine par un envoi au comte de Poitiers; l'autre dut être remise entre les mains de saint Louis. En un mot, Rutebeuf n'est point, selon nous, un bateleur faisant collecte sur la place : c'est Villon *baillant requeste* à monseigneur de Bourbon, Marot écrivant à François Ier.

M. Paulin Paris, dans l'important travail que nous avons déjà cité, est d'un autre avis : « Sans protection et sans moyens réguliers de fortune, Rutebeuf, dit-il, dut commencer par être jongleur. »

Je ne saurais partager cette opinion.

Il me répugne de ne voir dans l'homme

qui a su rencontrer de si chaleureuses inspirations en faveur des croisades, montrer tant d'énergie en défendant la cause de l'Université, qui était celle de la science, et déployer tant de verve en attaquant les adversaires des écoles, seule espérance alors de la civilisation, un baladin se livrant à des tours de passe-passe, un bouffon contrefaisant le singe. J'aime bien mieux, et cela ressort, pour moi, de l'ensemble de ses poésies, le mettre au rang plus élevé de ces trouvères dont parle Joinville lorsqu'il rapporte que les grands seigneurs avaient des ménestrels à leur service; qu'à la table même du roi ils récitaient leurs vers, chantaient leurs couplets, faisaient apporter leurs vielles *après mangier*, et que saint Louis attendait qu'ils eussent fini pour faire dire les grâces par les prêtres placés devant lui. Il est à croire que ces ménestrels ne ressemblaient point par leurs chants ou leurs récits aux jongleurs que Louis IX chassa de sa cour et même de ses États, vu qu'ils corrompaient les mœurs.

Quoi qu'il en soit, si Rutebeuf ne doit point être rangé parmi les poëtes qui, sous saint Louis, occupaient le dernier degré de la *ménestrandie*, les plaintes qu'il fait de sa misère et ses lamentations touchantes sur sa pauvreté, prouvent assez que, moins heureux que son rival et contemporain Thibaut de Champagne, il ne portait point couronne. Dans une de ses pièces, en effet, il dit au *franc roi de France* (saint Louis) qu'en lui donnant quelque chose, ce prince fera une très-grande charité, « car il a vescu seulement du bien qu'autrui lui a prêté; mais, maintenant, il n'a plus de crédit, car on le sait pauvre et endetté. » D'ailleurs, le roi, en qui était tout son espoir, est allé de nouveau hors de France, et il ne trouve que des gens habiles à refuser, peu enclins à donner, s'empressant chacun de garder ce qu'il a. En outre, la mort lui a causé de grands dommages et le roi, par ses deux croisades, a éloigné de lui beaucoup de gens. Plus loin, dans la même pièce, il s'écrie : « Qu'il est sans cotte et sans lit, car un lit de paille ne peut passer pour un lit, et le sien n'est composé que de cela ; que personne ne lui donne, qu'il tousse de froid, qu'il bâille de faim, qu'il ne sait où aller ; bref, *qu'il n'y a si pauvre que lui de Paris à Senlis.* »

Il termine cette pièce en disant au roi : « Sire, je vous fais savoir que je n'ai pas de quoi avoir du pain et que je suis à Paris au milieu de tous les biens sans qu'une miette m'en appartienne, etc. »

Les pièces qui suivent confirment entièrement les plaintes de ce nouvel Architrenius. Dans le deuxième poëme qui ouvre le présent recueil, et qui date de 1260, on voit que dès cette époque, aussi bien que dix ans plus tard, Rutebeuf était déjà dans la plus triste des positions. En effet, le poëte s'écrie qu'il redoute peu désormais la méfiance des maires et des prévôts. « Je crois, dit-il, que

Dieu le débonnaire m'aime de loin ; je suis où le maillet met le coing. Dieu fait fête à mes ennemis; il n'a pour mes amis que deuil et courroux. Si j'ai excité sa colère, il peut bien rire de moi, car il se venge cruellement. N'ayant rien sous le drap, je ne redoute pas qu'on me vole la moindre chose.

« Je n'ai pas deux bûches de chêne ensemble ; mes pots sont cassés et brisés et tous mes bons jours sont passés. Que vous dirais-je ? Depuis la ruine de Troie, on n'en a pas vu d'aussi complète que la mienne, et quiconque a jamais prié pour un homme mort, peut prier pour moi. Voulez-vous savoir ma vie? L'espérance du lendemain, voilà mes fêtes. On se signe quand on me voit (c'est la vérité), plus que si j'étais prêtre et si je chantais l'Évangile. Il n'y a pas de martyrs qui aient autant souffert que moi. S'ils ont été rôtis, lapidés, mis en pièces, leur peine ne fut pas longue ; mais la mienne durera toute ma vie sans aucune trève. »

Si ce tableau n'est point chargé à plaisir, ce que j'ai peine à croire, car on sait que la poésie est sœur de la fable, et j'imagine que Rutebeuf avait fait d'elles deux compagnes inséparables, il faut convenir qu'il n'est pas trop attrayant. Pourtant, en le mettant sous les yeux de nos lecteurs, nous ne leur avons encore montré qu'une faible partie des infortunes du poëte. D'après lui, et si l'on s'en rapporte à ses vers, il aurait éprouvé bien d'autres malheurs. Le premier de tous, et le plus grand peut-être, aurait été de prendre une femme tellement peu riche, que leurs deux opulences réunies les laissaient dans la pauvreté. « Envoyer un homme en Égypte est une douleur moindre que la mienne. Qu'y puis-je faire? L'on dit que fou qui ne fait pas de folie perd son temps. Pour ne pas perdre le mien, je me suis marié sans raison. Aussi n'ai-je ni maison, ni grange. Bien plus : pour causer plus de joie à ceux qui me haïssent mortellement, j'ai pris une femme que nul, fors moi, n'aime et ne considère. Quand je l'épousai, elle était pauvre et malheureuse, et ce mariage a cela de particulier que je suis pauvre et gêné comme elle. Elle n'est ni gente ni belle ; elle est maigre et sèche, elle a cinquante ans achevés [1]. Aussi je n'ai pas peur qu'elle me trompe. » Cette conclusion semble consoler un peu le trouvère de toutes les qualités négatives que nous venons d'énumérer, et dont il fait généreusement le partage peu gracieux de sa femme.

Il paraît très positif que ce mariage de Rutebeuf n'est point un conte inventé pour apitoyer ses lecteurs, et la manière dont il s'appesantit sur les tristes conséquences qui en résultèrent pour lui ne permet pas de le regarder comme imaginé à plaisir ; mais ce

---

[1]. Littéralement : *Elle a cinquante ans dans son écuelle.* On trouve un autre exemple de cette locution dans la pièce intitulée *Les Droiz au clerc de Voudray* (Ms. 7218) :

> Xxxvij. anz en s'efcuele
> A converfe mingnos & cointe.

qui semble encore plus certain, c'est qu'au fardeau du ménage se joignit bientôt celui des enfants.

En effet, ces paroles de la première pièce de notre recueil adressée à saint Louis « qu'entre le temps qui est dur et *sa famille qui n'est ni malade ni finie*, l'auteur se trouve sans un denier et sans rien qu'il puisse mettre en gage, » me semblent une allusion à la fécondité de sa femme.

Dans notre troisième pièce, le poëte est encore plus explicite : il se représente comme très malade, couché dans un lit, où il est resté étendu trois mois sans voir personne ; sa femme — et c'est peut-être la seconde, car on croit que Rutebeuf a été marié deux fois [1], — gisait pendant ce temps dans un autre lit, enceinte de nouveau (*ma femme r'a enfant éu*, dit-il), et

---

1. Il semble du moins le dire lui-même dans ces vers de la *Complainte* qui porte son nom :

 « Quar bien avez oï le conte
 En quel manière
 Je pris ma fame darrenière, etc. »

durant tout un mois, *elle a tenu l'enfant sur le chantier.*

Puis, comme si ce n'était pas assez de tous ces maux, Rutebeuf nous apprend que Dieu l'a fait (je me sers de son expression) *compagnon à Job;* « qu'il lui a enlevé d'un seul coup tout ce qu'il avait, et l'a privé en même temps de son œil droit (celui justement avec lequel il distinguait le mieux), à tel point qu'il n'y voit plus assez de cet œil pour aller son chemin, et qu'à midi il croit qu'il est nuit obscure. » Pour comble de bonheur, la nourrice de son enfant veut de l'argent, sans quoi elle le renverra *braire à la maison;* le propriétaire exige impérieusement le prix de son logis, dans lequel il n'y a pour ainsi dire plus rien, car la misère en a presque tout ôté; bref, le poëte nous annonce qu'il est tout-à-fait perdu, si ceux-là ne l'aident à se relever qui *l'ont déjà secouru de leur merci.* Cependant, au milieu de ce déluge de maux, Rutebeuf est parfois plein d'une noble fierté qui doit le grandir à nos yeux : il s'écrie qu'il n'est pas *ouvrier des mains;* « je ne veux pas, dit-il, qu'on sache où je reste, à cause de ma misère ; ma porte sera toujours fermée, car mon logis est trop pauvre et trop nu pour rester ouvert, et souvent on n'y trouve ni pain, ni pâte, etc. »

Ce qui le contrarie le plus, c'est de retourner à la maison les mains vides, car en pareil cas on n'y aime point sa venue. Il est alors si honteux qu'il n'ose frapper à la porte.

Cet aveu, qui échappe pour la dixième fois à Rutebeuf, nous amène à chercher d'où pouvait venir sa pénurie. — Hélas ! sans doute de plusieurs causes. — Dans une de ses pièces, qu'il envoie au comte de Poitiers, notre trouvère nous apprend que ce prince l'a aidé plus d'une fois, *et très volontiers*. Il est vraisemblable que saint Louis, auquel il peignit également avec énergie son dénuement, ne resta point insensible à ses prières, et l'on ne peut supposer que le roi de Navarre, Thibaut V, sur la mort duquel il a composé un *Planctus* (espèce d'oraison funèbre poétique qu'il appelle une *Complainte*), ne se soit de son côté montré généreux envers lui. Il dut évidemment recevoir aussi les libéralités du comte de Nevers, d'Ancel, de l'Isle-Adam, dont il a célébré le trépas, de Geoffroi de Sargines, d'Érart de Valeri, dont il a vanté les glorieuses vies, etc. D'ailleurs les poëmes dont nous parlons lui étaient, on peut le conjecturer avec quelque apparence de raison, commandés par les familles de ces morts illustres. Il nous apprend dans une de ses pièces « qu'il a chanté sur les uns pour plaire aux autres, » et que la vie de sainte Élisabeth de Hongrie lui fut ordonnée par Érart de Valeri, qui la voulait offrir à la reine Ysabelle de Navarre. Il faut ajouter aussi que l'ardeur déployée par Rutebeuf pour défendre les écoles et les professeurs dut lui valoir les bonnes grâces de l'Université.

Par malheur, les croisades *éloignaient*, comme il le dit quelque part, *les bonnes gens*, et en l'absence des grands seigneurs, les présents devenaient rares pour les trouvères. Les expéditions d'outre-mer, d'ailleurs, tarissaient tous les trésors, excepté, selon lui, ceux du clergé [1]. Aussi notre poëte écrit-il qu'*à présent on donne peu;* — que *chacun préfère garder ce qu'il a;* — que *les plus riches sont les plus chiches, etc.*

Je ne serais pas surpris, non plus, que la chaleur de ses opinions en faveur de l'Université et leur hardiesse contre les corporations religieuses, ne lui eussent attiré quelque persécution fâcheuse de la part des Ordres, telle, par exemple, que la perte de quelque amitié puissante; ou tout autre

---

1. On lit également dans une pièce intitulée : *De noſtre Seignour*, que j'ai imprimée page 37 de mon *Rapport au Ministre de l'Instruction publique sur les Bibliothèques de la Suisse* :

>   Noſtre paſtor gairdent mal lor brebis :
>   Ke devanront li riche garnement
>   K'il aquaſtent aſſeis vilainemént
>   Des faus deniers k'il ont des croixiés pris?

témoignage de leur haine, comme un emprisonnement, je suppose. M. Paris va même plus loin : il semble croire à des châtiments personnels; mais cela n'eût point suffi pour réduire notre poëte à l'état de misère dans lequel il raconte qu'il fut plongé.

Du reste, si Rutebeuf eut l'avantage d'être aussi bien partagé en adversaires, il paraît qu'il ne manqua guères non plus de ces amis qui font volte-face au premier malheur, et dont l'abandon est plus cruel pour celui qui en est l'objet que toutes les attaques d'un ennemi acharné. A la manière dont il se plaint d'eux, on juge aisément que son cœur dut être profondément ulcéré de leur ingratitude. Il dit en effet : « Que sont devenus mes amis, auxquels je tenais tant et pour lesquels j'avais une si grande affection ? S'ils sont aujourd'hui bien clair-semés, c'est qu'ils ne furent pas bien semés : voilà pourquoi ils ont disparu. De ces amis, aussi longtemps que Dieu m'a assailli de divers côtés, je n'ai pas vu un seul en mon logis. Je pense que le vent les a enlevés. Ces amis sont de ceux qu'un souffle emporte *et il ventait devant ma porte, etc.* »

Mais l'infortune de Rutebeuf ne provenait pas tout entière, il est probable, des causes que nous venons d'indiquer : au fond de sa misère il devait y avoir et il y avait certainement, pour cause principale, quelque vice personnel. Les paroles suivantes, qu'on trouve dans une de ses pièces (*La Griesche d'yver*), nous en fournissent la preuve : « Les dés que les détiers ont faits m'ont privé entièrement de ma robe ; les dés me tuent ; les dés me guettent et m'épient ; les dés m'assaillent et me défient, etc. » Un peu plus loin, notre trouvère dit encore : « Des traîtres de mauvaise race m'ont mis sans vêtement. La *Griesche* (sorte de jeu de dés) ne me laisse point en paix ; elle me ruine, elle me livre assaut, elle me guerroie. Jamais, si cela continue, je ne me guérirai de ce mal, etc. »

Que conclure de ces passages, sinon que Rutebeuf était fortement tourmenté de la passion du jeu ? Et l'on sait où elle mène, aussi bien aujourd'hui qu'au XIIIe siècle !...

Telles sont, à peu près, les circonstances générales de la vie de notre poëte sur lesquelles ses œuvres nous offrent quelque lumière; mais, ainsi que nous l'avons dit, on n'y trouve aucune révélation touchant ses actions de chaque jour. En revanche, Rutebeuf nous dédommage amplement de ce silence sur ce qui le regarde par de nombreux détails biographiques fort curieux sur divers princes ou grands seigneurs ses contemporains. En plusieurs points même il supplée Joinville, et ses vers nous apprennent beaucoup de choses sur Geoffroi de Sargines, sur Thibaut V, sur le comte de Poitiers, etc. En outre, ses indiscrétions piquantes relativement à plusieurs événements qui eurent lieu à son époque, les mille et une méchancetés qu'il débite contre les prélats, les clercs, les moines, les béguines, les ribaux, les écoliers, les princes, les chevaliers, etc., ses nombreuses allusions aux usages intimes du XIIIe siècle, nous rendent les pièces qu'il nous a laissées extrêmement précieuses. Il est le Saint-Simon, ou, pour mieux dire, le Béranger de son temps.

Si nous cherchons maintenant à nous rendre compte du caractère général de la poésie de Rutebeuf, nous trouverons qu'elle se fait surtout remarquer par la causticité, la malice et l'ironie. Le vieux trouvère fouaille à droite et à gauche, sans s'inquiéter de savoir qui sa lanière cinglera. Il mord à plaisir tout le monde, et quelquefois jusqu'au sang; il crie, il tempête, il invective, il dénonce tous les abus; mais le fait prédominant de ses rimes, celui qui revient sans cesse dans ses virulentes strophes, c'est son amour pour les croisades et sa haine contre le clergé. L'admission des membres de ce dernier dans l'Université malgré elle, et la partialité du pape et du roi en faveur des ordres religieux, durent, en effet, soulever contre le pouvoir ecclésiastique d'immenses clameurs. Remarquons pourtant que Rutebeuf n'attaqua jamais ni le dogme, ni Dieu, mais le prêtre. Au xiiie siècle, on avait une foi ardente ; la pensée réformatrice, qui jeta sur le xvie siècle de si terribles lueurs, n'existait pas encore. Aussi l'usage que les ecclésiastiques faisaient de leurs richesses et de leur influence était seul critiqué ; mais on respectait l'origine de leur pouvoir, et l'on séparait avec raison, comme choses distinctes, le lévite du sanctuaire. Quant à l'amour de notre trouvère pour les croisades, il faut observer qu'il part seulement d'un sentiment de piété, et non, comme l'enthousiasme des seigneurs, d'un désir d'ambition ou d'un vague élan de curiosité pour les régions lointaines. Le vœu de Rutebeuf, c'est que le tombeau du Christ soit reconquis, c'est que la terre où Jésus rendit l'âme ne soit plus souillée par la présence des infidèles !... Mais que lui font à lui les richesses d'outre-mer et les merveilles du palais impérial de Blaquerne ?

A peine laisse-t-il même entrevoir quelque part (encore est-ce d'une manière obscure) qu'un écho affaibli de la croisade si prospère racontée par Villehardouin soit arrivé jusqu'à lui.

Sous le rapport littéraire, Rutebeuf a plus de conformité avec les poëtes de la première moitié du XIIIe siècle qu'avec ceux de la seconde. Il ressemble davantage aux chansonniers du *Romancero françois* qu'aux écrivains du règne de Philippe-le-Hardi, tel qu'Adenez, par exemple. Son style est, en effet, plus nerveux, son vers plus net, sa manière plus incisive. Moins régulier et moins uniforme que l'auteur de *Cléomades*, il prend avec facilité tous les tons et tous les rhythmes : tantôt il est inspiré, plein de chaleur ou d'amertume; tantôt il est léger, folâtre, badin; c'est Adam de la Halle réuni au roi de Navarre.

Chez Adenez, au contraire, qui n'est pas à beaucoup près aussi inégal que Rutebeuf, on sent déjà l'approche du XIVe siècle : l'alexandrin règne seul et sans partage ; le goût de l'allégorie, qui perce déjà, quoique faiblement, dans quelques-unes des pièces de Rutebeuf, se développe dans les grands poëmes du collaborateur de la reine Marie, et prépare sous ce rapport la décadence qui vint frapper, un peu plus tard, les productions de la langue d'oil. Mais une chose curieuse, bonne à signaler en passant, et qui distingue à la fois Rutebeuf de ses devanciers et de ses successeurs poétiques, c'est qu'il n'a écrit sur l'amour aucune de ces compositions malheureusement trop nombreuses qui affadissent la littérature de nos aïeux : sa misère ne lui en laissait pas le temps.

Un autre caractère de la poésie de Rutebeuf, c'est la nationalité, si l'on peut appliquer ce mot à une chose du XIIIe siècle. Notre poëte ne connaît ni Didon, ni Énée, comme la duchesse de Lorraine (voyez mon *Rapport au Ministre sur les Bibliothèques de la Suisse*, page 54); il cite à peine Homère, Ovide, Aristote, et s'il parle de Troie et d'Alexandre, c'est seulement pour les nommer. Ses connaissances littéraires sont puisées à des sources plus modernes, toutes indigènes : ce qui l'inspire, c'est la lecture de nos grandes épopées carlovingiennes et celle des autres œuvres romanes contemporaines. Il cite, en effet, le roman d'*Aiol*, celui d'*Yaumont*, le fabliau d'*Audigier*, le *Roman du Renart*, la légende de *prestre Jehan*, etc.; rarement il fait allusion aux Grecs et aux Romains. Ce n'est pas un fils d'Athènes ou de la ville éternelle : c'est un enfant de Paris.

Mais avant tout Rutebeuf est un homme d'esprit, de cet esprit français qui, sans manquer de profondeur, réside souvent dans le trait plutôt que dans la pensée. En effet, il ne recule devant aucun jeu de mots, quelque mauvais qu'il soit, et il n'y a pas de répétition qui lui fasse peur. J'en citerai pour preuve les détestables facéties auxquelles il se livre sur son nom avec une fréquence qui témoigne du charme qu'il trouvait à ce singulier exercice, peu digne d'un poëte de quelque valeur. Souvent aussi son esprit ne s'arrête pas de la sorte à l'épiderme; le trait qu'il lance frappe fort au contraire, et sait en plus d'une occasion causer de sanglantes blessures.

Rutebeuf, lorsque le sujet qu'il traite lui sourit, quand l'indignation l'anime, quand la colère le transporte, comme, par exemple, dans ses deux pièces sur *Guillaume de Saint-Amour,* dans ses *Complaintes d'outre-mer,* dans celle de *Constantinoble, etc.,* grandit de toute la hauteur de sa passion. Alors de trouvère il passe poëte; sa pensée arrive à de belles inspirations; son vers prend du nombre, de l'harmonie, de l'éclat, et la profondeur ne lui manque pas. Quelle plus belle image, au début d'une ode, que celle qui termine la strophe suivante : « Empereurs et rois, et comtes, et ducs, et princes, à qui l'on récite pour vous réjouir divers romans touchant ceux qui combattirent jadis en faveur de sainte Église, dites-moi par quel moyen vous espérez avoir le paradis ? Ceux-là le gagnèrent, dont vous écoutez lire ces romans, par la peine et par le martyre qu'ils souffrirent sur terre ; mais vous ?... Voici le temps ! Dieu vous vient chercher, bras étendus et teints de son sang, avec lequel le feu de l'enfer sera éteint pour vous. Recommencez une nouvelle vie, etc. » N'est-ce pas quelque chose d'imposant que de faire apparaître ainsi Jésus-Christ, avec les bras teints de sang, au-dessus des pécheurs ?

Plus loin, dans la même pièce, Rutebeuf fait preuve d'une admirable énergie lorsque, dans un mouvement d'indignation pareil à ceux de Michel Menot gourmandant nos seigneurs du parlement (*domini de parla-*

mento), il s'écrie : « Ah ! prélats de sainte
« Église, qui pour garder vos corps du froid
« ne voulez aller aux matines, messire
« Geoffroi de Sargines vous réclame au-
« delà de la mer ; mais je dis que celui-là
« est blâmable qui vous demande autre
« chose que du bon vin, de la bonne viande,
« et que le poivre soit bien fort !... C'est là
« votre guerre, c'est là votre secours, c'est
« là votre dieu !... Et vous, grands clercs,
« qui êtes si grands viandiers [1], qui faites

[1]. Les trouvères ne sont pas les seuls à adresser ces reproches au clergé, et Michel Menot est loin d'être une exception. On lit dans les *Sermons* de Robert Messier : « Les chanoines se contentent de venir au chœur, où ils ne disent rien et ils dorment la *jambe estandue en hault*; ou bien ils viennent dans la nef causer ou se promener; les vicaires chantent dans la langue le *menu fa*, et quand leur grande messe est au plus vite finie, ils disent qu'ils n'ont rien passé, mais ils ne répètent que le commencement et la fin de chaque verset, en supprimant le milieu, pareils à ceux qui volent des poissons et emportent les troncs, ne laissant que la tête et la queue. Le cœur n'est pour rien dans leurs prières; ils remuent les lèvres et disent le *patenostre du singe*. De plus les moines sont *toujours à rien faire, à gaudir et à faire bonne chère.* » (Sermones super epistolas et evangelia quadragesimæ. Parisiis, 1531, in-8°, gothique, f° 109.)

« un dieu de votre panse, et qui ne voulez
« pas dire un seul psaume, si ce n'est celui
« qui n'a que deux vers et que vous récitez
« après manger, dites-moi, etc. » A la fin
de la même pièce il ajoute encore ces
ironiques paroles empreintes d'une si
poétique rudesse : « Messire Geoffroi de
Sargines, je ne vois ici aucune apparence
que l'on vous secoure désormais. Les
chevaux ont mal aux échines et les riches
hommes à leurs poitrines, etc. » N'est-ce
pas là le cas de dire : *Facit indignatio
versum ?*

Dans ses pièces purement littéraires, c'est-
à-dire dans celles où il n'est pas mu par un
motif politique ou par sa vieille et éternelle
rancune contre le clergé, nous trouvons
souvent réuni à un agencement heureux,
à des détails spirituels, un dénoûment
digne de Boccace ou de La Fontaine. Ces
paroles sont d'autant moins exagérées que
ces grands écrivains se sont emparés par
droit de génie de la plupart des contes du

vieux trouvère ainsi que de ceux de ses confrères, et les ont rajeunis sans effort sous leur plume immortelle. Le fond de quelques-uns des sept fabliaux qui nous sont parvenus de Rutebeuf est malheureusement très-ordurier, — celui de quelques autres très-libre; — en outre les choses saintes y sont beaucoup trop mêlées aux profanes, et dans le conte du *Sacristain*, par exemple, la Vierge joue un rôle assez singulier. Mais qu'y faire ? — Ce sont là les défauts de l'époque. — Gauthier de Coincy, qui a rimé pieusement les miracles de Notre-Dame, n'y met pas plus de façon, et il place, comme Rutebeuf, l'intervention de la mère de Dieu en des cas dont la pensée seule scandaliserait fort aujourd'hui.

C'est par suite de cette croyance à la Vierge, dont le culte avait surtout été pratiqué au XIIe siècle, que Rutebeuf composa quelques pièces en l'honneur de Notre-Dame, et surtout son *Miracle de*

Théophile. Cet essai dramatique curieux, l'un des premiers ouvrages de ce genre que nous ayions en notre langue, et qu'il faut se garder de mettre seulement, ainsi que lé voudrait Daunou, au nombre des *dialogues précédés et interrompus par des récits que l'auteur fait en son propre nom*, fut probablement *commandé* à Rutebeuf par quelque corporation religieuse, et joué dans l'intérieur de quelque couvent ou sur le parvis de quelque église. Il dénote certainement une grande habileté poétique dans l'homme qui pouvait manier ainsi à la fois tous les rhythmes, employer toutes les mesures, et faire, au XIIIe siècle, dans un cadre intéressant, mouvoir à son gré l'enfer et le ciel.

Maintenant, en quelle année naquit Rutebeuf et en quelle année mourut-il? — C'est ce que nous ignorons. — Le plus grand nombre de ses pièces (presque toutes pour ainsi dire) offrent la preuve soit par leur fond même, soit par le allusions qu'elles contiennent, qu'elles furent composées de 1260 à 1270. Une seule, *La Discorde de l'Université et des Jacobins*, peut remonter environ de 1254 à 1255 ; mais dans aucune autre nous n'apercevons la moindre allusion à des événements antérieurs à cette époque. Or, si Rutebeuf eût écrit de 1245 à 1253, comment expliquerait-on son silence sur les choses et les hommes de ce temps ? — Pourquoi n'aurait-il fait aucune allusion aux amours vraies ou supposées du roi de Navarre et de la reine Blanche ? — Pourquoi toutes ses critiques des fondations pieuses faites par saint Louis porteraient-elles sur des faits postérieurs au temps que nous indiquons ? — Enfin, comment ne parlerait-il pas du tout de la croisade de 1248, tandis qu'il s'étend longuement sur celle de 1270 ? — Evidemment c'est qu'à l'époque où il composait ses poésies, la plupart de ces choses étaient déjà, sinon oubliées, du moins tellement éloignées, qu'on n'en parlait que d'une manière très vague et à titre de souvenir.

On pourrait donc, en prenant pour point de départ la date du plus ancien poëme de notre trouvère (1254 ou 1255), faire remonter sa naissance à vingt ou vingt-cinq ans auparavant (de 1230 à 1235 au moins, je suppose). Quant à sa mort, nous ne pouvons en fixer l'époque, même approximativement. Rutebeuf, qui n'avait pas d'autre profession (il le répète souvent), dut rimer tant qu'il vécut : or, les allusions les plus rapprochées de nous que l'on rencontre dans ses œuvres, se rapportent à des événements qui eurent lieu dans le cours de l'année 1285. Encore en trouvons-nous deux seulement, et toutes deux dans la même pièce. Nous croyons donc être dans le vrai en plaçant à une date très-peu éloignée de cette époque la mort de Rutebeuf.

Si l'on nous demande à présent quelques détails sur les pièces de notre trouvère qu'on rencontrera dans notre Recueil, nous dirons que Rutebeuf s'y nomme environ quarante fois, tant dans le titre qu'à la fin ou dans le courant de quelques-unes d'entre elles. Quant à celles qui ne portent pas son nom, nous les avons éditées, d'abord parce qu'on les lui attribue, ensuite parce qu'elles portent le cachet de son esprit, enfin parce qu'elles sont placées dans les manuscrits parmi ses pièces de manière à ne laisser aucun doute. Nous ajouterons, pour rassurer encore sur leur authenticité, que nous n'avons admis dans notre Recueil aucun poëme dont l'origine nous ait paru incertaine, et que nous avons retranché des œuvres de Rutebeuf deux pièces qu'on y rangeait à tort selon nous.

L'ordre dans lequel nous avons imprimé les poésies de notre trouvère est bien simple. Dans l'impossibilité où nous étions de leurs assigner à chacune une place chronologique, puisque rien ne faisait reconnaître pour la plupart la date de leur composition, nous avons adopté l'ordre suivant : 1° les pièces composées par Rutebeuf sur lui-même ; 2° les pièces relatives à de grands personnages et à de grands événements; 3° les pièces satiriques; 4° les fabliaux et contes ; 5° les poésies allégoriques et religieuses.

Toutes ces pièces ont été soigneusement revues par nous sur les manuscrits de la Bibliothèque nationale, et nous avons eu soin de placer toujours après le titre de chacune d'elles, afin qu'on pût au besoin recourir au texte original, le numéro des manuscrits dans lesquels elle se trouve. Le premier numéro est invariablement celui du volume dont nous avons suivi la leçon; les autres sont ceux des manuscrits qui nous ont fourni les variantes qu'on voit au bas de la page. Ces variantes ne sont, du reste, que les principales, car en les recueillant toutes, nous eussions augmenté inutilement notre travail. Lorsque, par hasard, nous avons inséré l'une d'elles dans le texte (ce qui nous est arrivé quelquefois), nous avons mentionné ce changement en mettant au nombre des variantes ce que nous ne laissions pas dans le texte fondamental.

Je terminerai cette notice en citant les paroles que M. Paulin Paris a placées à la fin de son travail sur notre poëte (tome XX de l'*Histoire littéraire de la France*), et qui résument son opinion, tant à propos de ses œuvres que de sa personne. Le savant académicien s'exprime ainsi : « Nous avons tour-à-tour examiné les cinquante-six morceaux conservés sous le nom du trouvère Rutebeuf. L'idée qu'ils nous donnent de l'auteur est celle d'un versificateur inégal, rude, affecté ; mais aussi d'un poëte rempli de verve, de vivacité, d'énergie. Ces ouvrages attestent tantôt une éducation grossière et des passions effrénées, tantôt un goût assez pur, un esprit et des sentiments élevés. En général, ils ont le caractère de l'inspiration ; l'allure du poëte est originale, ses défauts lui appartiennent aussi bien que ses qualités. Il se montre franchement mauvais garçon, franchement ennemi des moines, franchement admirateur des exploits guerriers et des vertus religieuses. Sans oublier les torts de son goût et la rudesse de son oreille, nous devons lui savoir gré d'avoir tenté presque tous les genres de poésie : il semble également à son aise dans le tercet tronqué, dans l'octave, le quatrain, la stance, monorime et le couplet à retours périodiques; mais il est vrai qu'il foule trop souvent aux pieds les droits du goût et de la raison, afin de conserver la richesse des désinences, et que toutes les licences lui paraissent justes dès qu'elles peuvent tourner au profit de la rime.

L'inquiétude de son esprit l'empêcha toujours de commencer une œuvre dont il ne pouvait entrevoir la conclusion. Du moins ne paraît-il pas avoir fait un seul de ces vastes poëmes monorimes connus sous le nom de *Chansons de geste*, que l'on regardait alors comme le plus noble effort du génie poétique. Peut-être eût-il assez mal réussi dans ce genre : il n'aurait pas eu le triste courage de se traîner sur les lieux communs les plus en vogue, et pour y suppléer, il n'avait pas l'imagination assez romanesque. Chez lui, tout obéissait à l'impression du moment. S'il composa des chansons dans le rhythme des plus langoureux troubadours, il s'y proposa un tout autre but, et jamais il ne permit à la galanterie d'y usurper la place de ses rancunes particulières ou de ses enseignements grondeurs. Peut-être aussi la brusquerie dont il affectait de tirer vanité l'éloignait-elle de tout ce qu'on aurait pu, dans ses vers, attribuer à l'influence des femmes. Mais nous nous garderons de porter un jugement absolu sur ses habitudes, d'après le caractère de ses ouvrages. Ardent prédicateur des croisades, il ne prit jamais la route de Syrie : peu soucieux de figurer dans les combats, il sut louer dignement les héros de son pays; et il est possible que la douceur de ses penchants ait formé un contraste avec la rudesse inflexible de ses inspirations de poëte. Rutebeuf, dans ce cas-là, augmenterait la liste des écrivains dont les ouvrages n'auraient été qu'autant de distractions aux habitudes de toute leur vie. »

Ces paroles de l'éminent professeur au Collége de France sont parfaitement exactes et caractérisent complétement notre trouvère.

Poëte à-part, dans le grand chœur des satiriques du XIIIe siècle, Rutebeuf s'y distingue au premier chef par ses défauts comme par ses qualités. Il a dans son vers quelque chose qui, par sa concision, rappelle la prose de Pascal, et par son craquement d'acier, la langue tragique de Corneille. D'un autre côté, il touche à La Fontaine par sa naïveté, et s'il est par sa franchise l'ancêtre immédiat de l'auteur des *Respues franches*, il se montre en même temps, sur un horizon plus éloigné, le digne devancier de Clément Marot par la malice et l'épigramme.

En somme, Rutebeuf est certainement le premier et le plus complet des trouvères du XIIIe siècle. S'attaquant à tous les genres, sauf la composition épique, représentée alors par la chanson de geste, il triomphe dans tous, et obtient à n'en pas douter (car si les auteurs contemporains ne le disent pas, ses écrits personnels en font foi) les applaudissements de la foule, ceux de la noblesse et ceux de l'Université. Accueilli par l'une, adulé par les deux autres, honni par le clergé, poursuivi par les Ordres religieux, il n'en mène pas moins une vie misérable et agitée ; mais il reste fier dans sa pauvreté et il se console de ses chagrins, de ses malheurs, en pensant qu'après tout son vers glorifiera son nom dans l'avenir, et n'aura pas été sans exercer quelque influence sur son époque en faveur de la science et du progrès.

Parti d'en-bas, — de si bas, qu'on ne sait rien de son origine, — Rutebeuf, par sa hardiesse, — par son talent, — à force de verve et d'invectives, parvint à gravir, moralement du moins, les degrés les plus difficiles de l'échelle sociale, et à atteindre presque, en se rapprochant des plus hauts barons de France, le sommet du monde féodal. Qu'il n'ait point pu s'y asseoir ni s'y créer une place personnelle, cela n'a rien qui nous surprenne ; mais ce fut probablement à son commerce avec ce monde supérieur par la fortune, par l'éducation, à celui où il était né, qu'il dut d'apprendre à louer ce qui était grand, honorable, valeureux, et à faire retentir comme une fanfare de gloire toute française, le nom et le renom des preux de son époque. A ce titre, Rutebeuf est véritablement pour nous autre chose qu'un poëte ordinaire, plus ou moins caustique et mordant : c'est un poëte national, associé par ses aspirations, ses amitiés, ses haines, aux mouvements les plus intimes de son siècle, — un antagoniste vigoureux des doctrines ultramontaines, — un moraliste, enfin, digne de respect ou tout au moins d'attention, par la manière dont il sonne la charge à propos de ce qui lui paraît, selon l'occasion, devoir être encouragé ou flétri !

Tel est à peu près, jusqu'à présent, ce qu'il est possible de dire sur notre trouvère. Le lecteur, au reste, le jugera mieux par ses œuvres.

OEUVRES
COMPLÈTES
De Rutebeuf.

C'est de la Povretei Rutebuef [1].
Ms. 7633.

Je ne fai par où je coumance
Tant ai de matyere abondance
Por parleir de ma povretei.
Por Dieu vos pri, frans Rois de France,
5   Que me doneiz queilque chevance [2]
Si fereiz trop grant charitei.
J'ai vefcu de l'autrui chatei [3]

1. L'enfemble de cette pièce, son quatrième et surtout son onzième vers indiquent que la composition en remonte au temps très-court qui s'écoula entre le commencement et la fin de la seconde croisade, et qu'elle fut écrite pendant que Louis IX était occupé à combattre les infidèles. Le saint roi dut donc la recevoir, si elle parvint jusqu'à lui, sur la plage de Tunis.

2. *Chevance* : voyez, pour ce mot, une des notes de la fin de *la Paiz de Rutebuef*.

3. *Chatei*, bien, fortune, gain, profit : en bas latin *catallum*.

Que hon m'a créu [1] & preſtei;
Or me faut chacuns de créance,
10 C'om me feit povre & endetei :
Vos r'aveiz hors dou reigne eſtei
Où toute avoie m'atendance.

Entre chier tens & ma mainie [2]
Qui n'eſt malade ni fainie,
15 Ne m'ont laiſſié deniers ne gage.
Gent truis d'eſcondire [3] arainie [4]
Et de doneir mal enseignie [5] :

1. *Créu*, donné à crédit.
2. *Mainie*, meſnie, maison, famille; de *manſio*.
3. *Eſcondire*, refuser ; de *eſcondire*, excondicere.
4. *Arainie*, accoutumée.
5. Dans une pièce anonyme, qui se trouve au Ms. 248, supp. fr., de la Bibliothèque impériale, et qui est intitulée : *C'eſt uns dis d'avariſce*, on rencontre les vers suivants, qui corroborent singulièrement et presque dans les mêmes termes les paroles de Rutebeuf :

> Chaſcuns a ſon donnet perdu :
> Li méneſtrel ſont eſperdu ;
> Car nus ne lor veut riens donner.
> De don ont eſté ſoutenu :
> Maintenant ſont ſouz pié tenu ;
> Or voiſent aillors ſermonner.

C'était précisément le contraire de ce que faisait saint Louis, car, si l'on en croit *la Branche aux royaux lignages*,

> Viez méneſtrier mendians. ...
> Tant du ſien par an emportoient
> Que nombre ne puis avenir.

On peut recourir aussi, pour ce sujet, à la pièce des *Tabureors* (joueurs de tambours), que j'ai insérée

Dou fien gardier eft chacuns lages.
Mors me r'a fait de granz damages,
20 Et vos, boens Rois, en .ij. voiages
M'aveiz bone gent efloignié,
Et li lointainz pélerinages
De Tunes qui eft leuz fauvages,
Et la male gent renoié.

25 Granz Rois, c'il avient qu'à vos faille :
A touz ai-ge failli fanz faille :
Vivres me faut & eft failliz.
N'uns ne me tent, n'uns ne me baille :
Je touz de froit, de fain baaille,
30 Dont je fuis mors & maubailliz [1].
Je fuis fans coutes & fans liz ;
N'a fi povre jufqu'à Senliz.
Sire, fi ne fai quel part aille :
Mes cofteiz connoit le pailliz,
35 Et liz de paille n'eft pas liz
Et en mon lit n'a fors la paille.

dans mon recueil intitulé : *Jongleurs et Trouvères* (Paris, Merklein, 1835). Je terminerai cette note par les vers suivants, dans lesquels Robert de Blois se plaint de l'avarice des grands :

Qui porroit ce de prince croire,
S'il n'oïft ou véift la voir,
Qu'au mengier font clorre lor huis ?
Si m'ait Deus je ne m'en puis
Taire kant dient ci huiffier :
« Or fors ! mes fires vuet mangier. »

Maubailliz, malmené, en triste position.

Sire, je vos fais afavoir [1]
Je n'ai de quoi do [2] pain avoir :
A Paris fui entre touz biens,
40 Et n'i a nul qui i foit miens.
Pou i voi & fi i preig pou ;
Il m'i fouvient plus de faint Pou [3]
Qu'il ne fait de nul autre apôtre.

Bien fai *Pater*, ne fai qu'eft *notre*,
45 Que li chiers tenz m'a tot oftei,
Qu'il m'a fi vuidié mon hoftei
Que li *Credo* [4] m'eft dévéeiz,
Et ie n'ai plus que vos véeiz.

1. Ce vers, mis au présent, prouve que cette pièce fut réellement envoyée à saint Louis, alors en Afrique. Quelle réponse y fit ce prince? Et y répondit-il? — Je l'ignore.
2. *Do* pour *dou*. Le mot est ainsi dans le manuscrit.
3. Saint Paul. — Le nom de cet apôtre arrive là pour former, avec le mot *pou* (peu) qui précède, une espèce de jeu de mots. Cette plaisanterie se rencontre fréquemment chez la plupart des auteurs de cette époque; Gauthier de Coinsy surtout en abuse étrangement.
4. Je crois qu'il faut expliquer ici le mot *credo* par : crédit, prêt. Le poëte dit qu'il lui est ôté, interdit (*dévéeiz*). L'*Histoire littéraire de la France*, t. xx, dit, en parlant de cette pièce : « Les quatre douzains dont elle se compose inspirent un sentiment de pitié; on y touche à nu la misère du poëte. Il termine pourtant encore par un jeu de mots; mais au lieu d'un sourire, il semble qu'on ne voie sur son visage que des pleurs. »

Explicit.

Le Mariage Rustebeuf.

Mss. 7218, 7615, 7633; Suppl. fr., 1133.

  En l'an de l'incarnation,
  Mil deux cens, à m'intencion,
   En l'an soissante [1],
  Viij. jors apres [2] la nascion
5 Jhésu qui soufri passion,
  Qu'arbres n'a foille, oisel ne chante,
  Fis-je toute la rien dolante
   Qui de cuer m'aime ;
  Nis li musars musart me claime.
10 Or puis filer, qu'il me faut traime ;
   Mult ai à faire.
  Diex ne fist cuer tant de put'aire,
  Tant lit aie fet de contraire
   Ne de martire,
15 S'il en mon martire se mire,
  Qui ne doie de bon cuer dire :
   « Je te claim cuite. »
  Envoier .i. homme en Egypte

1. Il y a, écrit en note de la main du président Faucher, à cet endroit du Ms. 7615 : « Il entend l'an 1260. » — Le Ms. 7633 dit : « sexante. »
2. Le Ms. 7615 dit : devant.

Cefte dolor eft plus petite
20   Que n'eft la moie [1] ;
Et je qu'en puis fe je m'efmoie [2] ?
L'en dit que fols qui ne foloie
    Perd fa fefon :
Sui-je mariez fans refon ?
25. Or n'ai ne borde ne mefon.
    Encor plus fort :
Por plus doner de reconfort
A cels qui me héent de mort,
    Tel fame ai prife
30 Que nus fors moi n'aime ne prife,
Et f'eftoit povre & entreprife,[3]
    Quant je la pris.
A ci mariage de pris,
C'or fui povres & entrepris
35   Aufi come ele,
Et fi n'eft pas gente ne belle [4].
L. anz a en f'efcuele [5],
    S'eft maigre & fèche :
N'ai pas paor qu'ele me trèche.
40 Defpuiz que fu nez en la crèche

1. C'est probablement là une allusion aux efforts que l'on faisait, en 1260, pour envoyer des secours aux chevaliers croisés qui disputaient pied à pied le territoire d'Acre.
2. Ms. 7218. VAR. Je n'en puis mès fe je m'efmoie.
3. *Entreprife*, malheureuse, embarrassée, gênée.
4. Ms. 7633. VAR. Jone ne bele.
5. On lit au Ms. 7615 : « Lx. ans. » — Le mot *f'efcuele* est ici par élision pour *fon efcuele*, ainsi qu'on le voit au Ms. 7633.

Diex de Marie
Ne fu mès tele efpouferie.
Je fuis toz plains d'envoiferie [1],
Bien pert à l'uevre.
45 Or dira l'en que mal fe prueve
Rustebuef qui rudement oevre :
L'en dira voir,
Quant je ne porai robe avoir.
A toz mes amis faz favoir
50 Qu'ils fe confortent :
Plus bel qu'il porront fe déportent ;
A cels qui tels novèles portent
Ne doingnent gaires.
Petit dout mès provos ne maires :
55 Je cuit que Diex li débonaires
M'aime de loing ;
Bien l'ai prové [2] à ceft befoing ;
Là fui où le mail met le coing :
Diex m'i a mis.
60 Or faz fefte à mes anemis,
Duel & corouz à mes amis.
Or du voir dire,
Se Dieu ai fet corouz ne ire,
De moi fe puet jouer & rire
65 Que biau f'en vange.

---

1. Le Ms. 7615 écrit : « De muferie, » et le Ms. 7633 offre la leçon suivante : «Je fuis droiz, fouz d'ancecerie, c'est-à-dire d'antiquité, de famille, héréditairement.»

2. *Bien l'ai prové*, pour : Je l'ai bien éprouvé. — Les Mss. 7616 et 7633 portent : « Bien l'ai véu. »

Or me covient froter au lange ¹;
Je ne dout privé ne eſtrange
  Que il riens m'emble ;
N'ai pas buſche de cheſne enſamble :
70 Quant g'i ſui ſi à fou & tramble ²
  N'eſt-ce aſſez ?
Mes pos eſt briſiez & quaſſez
Et j'ai toz mes bons jors paſſez.
  Je qu'en diroie ?
75 Ni la deſtruction de Troie
Ne fu ſi grant comme eſt la moie !
  Encore i a,
Foi que doi *Ave Maria*,
S'onques nus hom por mort pria,
80 Si prît por moi :

1. Littéralement : Je suis forcé de me *frotter* au drap, ou : Je suis si pauvre que je n'ai pas de chemise. — On ne peut douter que ce soit là le sens de cette allocution, en la rapprochant des trois vers suivants, qui se trouvent dans la pièce intitulée *Du Phariſien :*

  Tel cuide-on qu'au lange ſe froie
  Qu'autre choſe a ſous la corroie.
    Si com je cuit.

Ces vers sont relatifs aux Jacobins, auxquels un de leurs statuts interdisait de porter des chemises, comme constituant un vêtement de luxe.

2. Ces deux vers contiennent un singulier jeu de mots. Rutebeuf dit : Je n'ai pas deux *bûches de chêne ensemble, et je suis là comme fou et tremblant;* mais ce passage doit s'entendre aussi de la façon suivante : Je n'ai pas deux *bûches de chêne ensemble,* car *je suis là* avec du hêtre (*fou, fagus*) et du *tremble.*

LE MARIAGE RUSTEBEUF.

Je n'en puis mès fe je m'efmoi.
Avant que viegne avril ne may
  Vendra quarefme :
De ce puis bien dire mon efme [1].
85 De poiffon autant com de crefme
  Aura ma fame ;
Grant loifir a de fauver f'âme ;
Or géunt [2] por la douce Dame,
  Qu'ele a loifir,
90 Et voift de haute eure géfir,
Qu'el n'aura pas tout fon défir,
  C'eft fanz doutance.
Or foit plaine de grant foufrance,
Que c'eft la plus grant porvéance
95   Que je i voie.
Par cel Seignor qui tout avoie [3],
Quant je la pris petit avoie
  Et ele mains :
Je ne fui pas ouvriers des mains [4] ;

---

1. *Mon efme*, ma pensée, mon appréhension ; *œftimatio*.
2. *Géunt*, qu'elle jeûne.
3. *Avoie* : ce mot vient de *avoier*, diriger, conduire, et non de *avoir*, ainsi que la rime du vers suivant.
4. Ce vers est un de ceux qui ont suggéré à M. Paulin Paris l'observation suivante : « En plusieurs endroits de ses poésies, les regrets qu'exprime Rutebeuf de n'avoir appris aucun métier semblent donner à croire qu'il était appelé naturellement à chercher dans le travail de ses mains un moyen de subsistance, et que s'il n'avait pas été, dès l'enfance, abandonné de ses parents, il les comptait du moins dans la classe la plus

100 L'en ne faura jà où je mains
　　　　Por mo poverte :
　　Jà n'i fera ma porte ouverte,
　　Quar ma mefon eft trop déferte,
　　　　Et povre & gafte,
105 Sovent n'i a ne pain ne pafte.
　　Ne me blafmez fe je me hafte
　　　　D'aler arrière,
　　Que jà n'i aura bele chière :
　　L'en n'a pas ma venue chière
110 　　　Se je n'aporte ;
　　C'eft ce qui plus me defconforte,
　　Que je n'ofe huchier à [1] ma porte
　　　　A vuide main [2].
　　Savez comment je me demain :
115 L'efpérance de lendemain
　　　　Ce font mes feftes.
　　L'en cuide que je foie [3] preftres,
　　Car je faz plus fainier de teftes
　　　　(Ce n'eft pas guile)
120 Que fe je chantaiffe Evangile.

humble de la société. Son nom lui-même est un nouvel indice des disgrâces qui durent accompagner sa naissance, etc. "

1. Ms. 7218. VAR. entrer en.

2. Un chansonnier du XIIIe siècle, dont il ne nous est resté que bien peu de chose, Colin Muset, a exprimé la même idée et raconté sa détresse, en pareil cas, dans des vers que j'ai édités le premier et qui se trouvent dans le Ms. 65, fonds de Cangé, Bibl. impériale.

3. Ms. 7633. VAR. fusse; et au vers suivant : Mais je fas.

L'en fe faine parmi la vile
    De mes merveilles [1].
On les doit bien conter aus veilles :
Il n'y a nules lor pareilles [2],
125   Ce n'eft pas doute.
Il pert bien que je n'i vi goutte ;
Diex n'a nul martir en fa route [3]
    Qui tant ait fet.
S'il ont efté por Dieu deffet,
130 Rofti, lapidé ou detret,
    Je n'en dout mie
Que lor paine fu toft fenie ;
Més ce durra [4] toute ma vie
    Sanz avoir aife.
135 Or pri à Dieu que il li plaife
Cefte dolor, cefte méfaife
    Et cefte enfance

1. Ne pourrait-on pas inférer de ce passage qu'à la date de cette pièce (1260) Rutebeuf avait déjà composé son *Miracle de Théophile*, et peut-être plusieurs autres pièces du même genre qui ne nous sont point parvenues ? Je ne sais, en effet, dans le cas contraire, si de simples fabliaux et quelques pièces satiriques auraient pu lui avoir sitôt procuré la réputation dont il parle, et surtout s'il eût pu se vanter, grâce à quelques vers profanes, de *faire signer plus de têtes que s'il chantait Évangile*. Remarquons, en outre, que ce passage prouve qu'avant 1260 Rutebeuf avait déjà composé un certain nombre de *merveilles*, comme il dit. Il nous resterait à savoir lesquelles.
2. Ms. 7633. Var. Qu'il n'i aura jà lor pareilles.
3. *Route, rota*, compagnie, milice céleste.
4. Ms. 7615. Var. La moie durra.

M'atort à vraie pénitance,
Si qu'avoir puisse s'accointance [1].

Amen.

1. Ms. 7615. Var. s'accordance (sa bonne grâce).

Explicit le Mariage Rustebeuf.

La Complainte Rutebeuf [1].

Mss. 7218, 7615, 7633, 198 N.-D.

No covient pas [2] que vous raconte
Comment je me fui mis à honte,
Quar bien avez oï le conte
En quel manière,
5   Je pris ma fame darrenière,
Qui bele ne gente n'en ière.
Lors nafqui paine,
Qui dura plus d'une femaine

---

1. Cette pièce, comme on peut le voir dans ses derniers vers, est adressée au comte de Poitiers, Alphonse, frère de saint Louis (mort en 1271), qui avait déjà aidé très-gracieusement le poëte, et qui, à ce titre (c'était du moins l'espoir de Rutebeuf), devait comprendre ses pressants besoins. Elle me paraît avoir été écrite de 1265 à 1270. Au reste, notre poëte ne se montra pas ingrat. La *Complainte du comte de Poitiers*, qu'on trouvera plus loin, en est une preuve.

M. Paulin Paris fait remarquer que ce petit poëme rappelle assez bien les placets de Poisson, de Scarron et de la foule des petits poëtes du XVIIe siècle, qui ne croyaient pas compromettre leur dignité en sollicitant la générosité d'un Richelieu, d'un Fouquet, d'un Colbert.

2. Ms. 7615. Var. Ne cuidiez pas.

Qu'el commença en lune plaine.
10   Or entendez,
Vous qui rime me demandez,
Comment je me fuis amendez
    De fame prendre :
Je n'ai qu'engagier ne que vendre,
15 Que j'ai tant eu à entendre
    Et tant à fère :
Quanques j'ai fet eft à refère [1]
Que qui le vous voudroit retrère
    Il durroit trop.
20 Diex m'a fet compaignon à Job [2],
Qu'il m'a tolu à i. feul cop
    Quanques j'avoie [3].
De l'ueil deftre, dont miex véoie,
Ne voi-je pas aler la voie
25   Ne moi conduire.
A ci dolor dolente & dure,
Qu'à miédi [4] m'eft nuiz obfcure
    De celui œil.
Or n'ai-je quanques je veuil;
30 Ainz fui dolenz, & fi me dueil [5]

1. Les Mss. 7633 et 198 (fonds Notre-Dame) remplacent ce vers, qui est sauté dans le Ms. 7615, par le suivant :
    Et tant d'annui & de contraire.

2. Ms. 198 N.-D. Var. Jacob.
3. Ms. 198 N.-D. Var. j'amoie.
4. Ms. 7633. Var. Qu'endroit meidi.
5. Ms. 198 N.-D. Var. De quoi parfondement me

LA COMPLAINTE RUTEBEUF.

  Parfondement,
C'or fui-en grant afondement [1]
Se par cels n'ai relevement
  Qui jufqu'à ci
35 M'ont fecoru la lor merci.
Le cuer en ai triftre & noirci
  De ceft mehaing,
Quar je n'i voi pas mon gaaing.
Or n'ai-je pas quanques je haing ;
40   C'eft mes domages :
Ne fai ce ç'a fet mes outrages.
Or deviendrai fobres & fages
  Après le fet,
Et me garderai de forfet;
45 Més que ce vaut quant c'eft jà fet ?
  Tart fui méus ;
A tart me fuis aparcéus
Quant je fuis jà ès las échéu.
  C'eft premier an
50 Me gart cil Diex en mon droit fan
Qui por nous ot paine & ahan
  Et me gart l'âme :
Or a d'enfant géu ma fame ;
Mon cheval a brifié la jame [2]
  A une lice ;
Or veut de l'argent ma norrice,

---

dueil. — Les huit vers qui suivent manquent dans ce manuscrit.
 1. Ms. 7615. Var. confondement.
 2. Ms. 7633. Var. Mes chevaux ot brifié la jambe.

Qui m'en deſtraint & me pélice [1],
Por l'enfant peſtre,
Ou il reviendra brère en l'eſtre.
60 Cil dame Diex [2] qui le fiſt neſtre,
Li doinſt chevance [3]
Et li envoiſt ſa ſoutenance,
Et me doinſt encore aléjance
Qu'aidier li puiſſe,
65 Que la povretez ne me nuiſe [4]
Et que miex ſon vivre li truiſe
Que je ne fais.
Si je m'eſmai je n'en puis mais.
C'or n'ai ne douſaine ne fais,
70 En ma meſon,
De buſche por ceſte ſeſon.
Si eſbahiz ne fu més hom
Com je fui, voir [5],
C'onques ne fui à mains d'avoir.
75 Mes oſtes veuſt l'argent avoir

---

1. Ces deux expressions sont fort énergiques : elles signifient torturer et arracher la peau. — Adam-le-Bossu, d'Arras, emploie aussi ces mots : *Ki me deſpiel*, qui m'enlève la peau dans une de ses pièces. On retrouve des expressions analogues chez plusieurs autres trouvères.

2. Ms. 7733. Var. Cile ſir Diex. — Ms. 198 N.-D Var. Ice Seigneur.

3. Ms. 7615. Var. Provende.

4. Les Mss. 7615, 7633 et 198 N.-D. offrent cett variante :

Et que miex mon hoſteil conduiſe.

5. *Voir*, vrai, vraiment ; *verum*.

La Complainte Rutebeuf.

   De ton oſté [1],
 Et j'en ai preſque tout oſté,
 Et ſi me ſont nu li coſté,
   Contre l'yver.
80 Ciſt mot me ſont dur & diver,
 Dont mult me ſont changié li ver
   Envers antan [2].
 Por poi n'afol quant g'i entan;
 Ne m'eſtuet pas taner en tan,
85   Quar le reſveil
 Me tane aſſez quant je m'eſveil.
 Si ne ſai ſe je dorm ou veil,
   Ou ſe je pens,
 Quel part je penrai mon deſpens
90 Par quoi puiſſe paſſer le tens.
   Tel ſiècle ai-gié :
 Mi gage ſont tuit engagié
 Et de chiés moi deſmanagié,
   Car j'ai géu
95 Iij. moi, que nului n'ai véu [3].

1. Le Ms. 198 N.-D. porte la leçon suivante :

 …. De mon hoſtel.
Il doit bien avoir non hoſtel ;
Celui du roi n'eſt pas itel ;
 Miex eſt paié,
Et j'eu ai preſque tout oſté.

2. *Antan*, l'année dernière ; *ante annum*. — Voyez la jolie pièce de Villon dont le refrain est :

 Mais où ſont les neiges d'antan ?

3. Le Ms. 198 N.-D. ne contient pas les six vers qui suivent celui-ci.

Ma fame r'a enfant éu,
C'un mois entier
Me r'a géu for le chantier.
Je me gifoie endementier
100   En l'autre lit,
Où je avoie pou de délit;
Oncques mès mains [1] ne m'abelit
Géfir que lors;
Quar j'en fui de mon avoir fors
105 Et f'en fuis mehaigniez du cors
Jufqu'au fénir.
Li mal ne fevent feul venir :
Tout ce m'eftoit à avenir
S'eft avenu.
110 Que font mi ami devenu
Que j'avoie fi près tenu
Et tant amé ?
Je cuit qu'il font trop cler femé;
Ils ne furent pas bien femé,
115   Si font failli.
Itel ami m'ont mal bailli,
C'onques tant com Diex m'affailli
En maint cofté.
N'en vi .i. seul en mon ofté :
120. Je cuit li vens les a ofté.
L'amor eft morte :
Ce font ami que vens emporte,
Et il ventoit devant ma porte;

---

1. *Mains* pour *moins,* ainsi qu'on le trouve dans le Ms. 7633.

S'es enporta,
125 C'onques nus ne m'en conforta
Ne du fien riens ne m'aporta.
Ice m'aprent
Qui auques a privé le prent;
Mis cil trop à tart fe repent
130 Qui trop a mis
De fon avoir por fère amis,
Qu'il ne's trueve entiers ne demis
A lui fecorre.
Or lerai donc fortune corre :
135 Si entendrai [1] à moi refcorre,
Se je l' puis fère.
Vers les preudommes m'eftuet trère [2]
Qui font cortois & débonère
Et m'ont norri :
140 Mi autre ami font tuit porri;
Je les envoi à meftre ORRI [3],

1. Ms. 198 N.-D. VAR. Si penferé.
2. Ms. 7634. VAR. Vers les bone gent m'eftuet traire. — *M'eftuet* signifie : il me convient.
3. Voici les différentes manières dont les diverses leçons orthographient ce mot : Ms. 7633, *Horri*; Ms. 7615, *Hauri*; Ms. 198 N.-D., *Ourri*. Je suis resté longtemps incertain sur la signification de ce vers, et je ne savais trop à quel genre de personnage il faisait allusion, lorsque la pièce intitulée *Ci encoumence de Charlot le Juif* est venue mettre fin à mes incertitudes. J'en demande humblement pardon à mes lecteurs pour Rutebeuf et pour moi, mais il s'agit tout simplement ici du chef des vidangeurs de Paris au XIIIe siècle. A la fin, en effet, de la pièce que j'ai nommée, lorsque Guillaume met la main dans la peau du lièvre où

Et fe l'i lais ;
On en doit bien fère fon lais
Et tel gent leffier en relais
145   Sanz réclamer,
Qu'il n'a en els rien à amer,
Que l'en doie à amor clamer.
Or [1] pri celui
Qui .iij. parties fift de lui,
150 Qui refufer ne fet nului
Qui le reclaime,
Qui l'aeure & Seignor le claime [2],
Et qui cels tempte que il aime,
Qu'il m'a tempté,
155 Que il me doinft bonne fanté,
Que je face fa volenté
Tout fanz defroi.
Mon Seignor, qui eft filz de Roi,
Mon dit & ma complainte envoi,
160   Qu'il m'eft meftiers,

Charlot *a fait la vilonie* (expression de Rutebeuf plus décente que celle qu'il a placée dans le titre de son fabliau), notre malin trouvère s'écrie :

<blockquote>
Es vous l'efcuier qui ot gans
Qui furent punais & puerri,
Et de l'ouvrage meftre *Horri*.
</blockquote>

Ces vers, rapprochés de ceux de la présente complainte, ne peuvent laisser aucun doute.

1. Les neuf vers suivants manquent au Ms. 7633.
2. Le Ms. 198 N.-D. remplace ce vers, qui est sauté au 7615, par le suivant :

<blockquote>
Qui Seigneur & ami le claime.
</blockquote>

Qu'il m'a aidié mult volentiers :
Ce eſt li bons quens de Poitiers
Et de Touloufe¹;
Il faura bien que cil gouloufe².
165 Qui fi fètement fe douloufe³.

1. Alphonse, frère de saint Louis.
2. *Gouloufer*, désirer ardemment, convoiter, avoir faim d'une chose.
3. *Se douloufe*, se plaint avec douleur.

Explicit la Complainte Rustebuef, ou Explicit le Dit de l'Ueil Rustebuef.

C'est la Paiz de Rutebues,
ou
La Priere Rutebuef.

Mss. 7615, 7633.

Mon boen ami Diex le mainteingne!
Mais raifons me montre & enfeingne
Qu'à Dieu face une teil prière;
C'il eft moiens[1], que Diex l'i tiengne,
5 Que puis qu'en feignorie veingne
G'i per honeur & bele chière!
Moiens & de bele menière
Et f'amors eft ferme & entière
Et ceit bon grei qui le compeingne;
10 Car com plus baffe eft la lumière,
Miex voit hon avant & arrière,
Et com plus hauce, plus efloigne.

Quand li moiens devient granz fires,
Lors vient flaters & naît mefdires;

1. *C'il eft moiens*, s'il est dans une position qui ne soit ni trop haute ni trop basse.

15 Qui plus en feit, plus a fa grâce.
　　Lors eft perduz joers & rires :
　　Ces roiaumes devient empires [1]
　　Et tuit enfuient une trace.
　　Li povre ami eft en efpace :
20　C'il vient à cort, chacuns l'en chace
　　Par gros moz ou par vitupires.
　　Li flatères de pute eftrace [2]
　　Fait cui il vuet vuidier la place :
　　C'il vuet, li mieudres eft li pires.

25 Riches hom qui flateour croit
　　Fait de légier [3] plus tort que droit,
　　Et de légier faut [4] à droiture
　　Quant de légier croit & mefcroit.
　　Fox eft qui for f'amour acroit
30　Et fages qui entour li dure.
　　Jamais jor ne metrai ma cure
　　En fère raifon ne mefure
　　Se n'eft por celui qui tot voit ;
　　Car f'amours eft ferme & féure.
35　Sages eft qu'en li f'aféure :
　　Tuit li autre funt d'un endroit.

　　J'avoie un boen ami en France ;

---

1. Nous retrouverons souvent dans notre poète ce jeu de mots entre *pire, royaume* et *empire*.
2. *Eftrace*, race, origine; *extractio*.
3. *De légier*, légèrement, facilement; *leviter*.
4. *Faut*, de faillir, manquer.

Or l'ai perdu par meschéance [1].
De totes pars Diex me guerroie,
40 De totes pars pers-je chevance [2]!
Diex le m'atort à pénitance
Que par tanz cuit que pou i voie;
De sa veue r'ait-il joie
Ausi grant com je de la moie,

1. *Meschéance* veut dire à la fois méchanceté, accident, malheur. Dans quel sens Rutebeuf prend-il ce mot ? Veut-il faire entendre qu'on a détaché de lui un puissant protecteur, à force de calomnies, par exemple ? Veut-il dire que ce protecteur est mort ? Quel est ensuite cet ami auquel il fait allusion ? — En l'absence de trait plus caractéristique, il est assez difficile de le deviner. M. Paulin Paris a cependant risqué l'explication suivante : « S'il fallait absolument, a-t-il écrit, désigner quelqu'un, nous estimerions que les reproches du poëte allaient à l'adresse de Pierre de la Brosse, qui, du rang de simple barbier de saint Louis, était arrivé, sous Philippe-le-Hardi, au faîte de la roue de fortune ; mais il vaut mieux ne pas essayer de découvrir un secret que l'intention du poëte était de tenir à demi-voilé, même pour les contemporains. » Voir la publication que j'ai faite il y a quelques années du *Jeu de Pierre de la Brosse qui dispute à Fortune pardevant Reson*, comme écrit son auteur anonyme. Cette publication est aujourd'hui épuisée.

2. *Chevance*, bien, possession ; du bas latin *cabentia, chevancia*. — La Fontaine s'est servi de ce mot lorsqu'il a dit :

..... L'abondance
Verse en leurs coffres la finance,
En leurs greniers le blé, dans leurs caves les vins :
Tout en crève. Comment ranger cette CHEVANCE ?

FABLES, liv. VII, fab. 6.

45 Qui m'a méu teil méfeftance ;
    Mais bien le fache & fi le croie :
    J'aurai affeiz où que je foie,
    Qui qu'en ait anui & pezance [1].

1. *Pezance*, poids, chagrin.

Explicit.

De la Griesche d'Yver [1].

Mss. 7218, 7615, 7633.

CONTRE le tens qu'arbre deffueille
Qu'il ne remaint en branche fueille
   Qui n'aut à terre,
Por povreté, qui moi aterre,
5 Qui de toutes pars me muet guerre,

[1]. J'ai préféré cette leçon : *De la Griefche d'yver*, qui est celle des Mss. 7615 et 7633, à celle du Ms. 7218 : *De la Griefche d'efté*, d'abord parce que les titres des pièces de ce dernier Ms. sont d'une main plus récente que le corps même du volume, et qu'à la fin de la pièce le copiste de tout le recueil a mis : *Explicit la griefche d'yver*; ensuite, parce qu'il s'agit, en effet, dans cette pièce des inconvénients qu'a l'hiver pour notre poète, et du malaise que lui cause cette saison; mais je n'en suis pas moins convaincu qu'indépendamment de cette signification de désagrément, d'incommodité, le mot *griefche* doit avoir encore ici un autre sens, aujourd'hui fort obscur, emprunté à un jeu du moyen-âge. Nous trouvons, en effet, dans *Gargantua*, livre Ier, chapitre XXII, parmi les deux cent cinquante et quelques jeux auxquels Rabelais nous apprend que se livrait son héros, après s'être *lavé les*

Contre l'yver,
Dont mult me font changié li ver,
Mon dit commence trop diver
De povre eftoire.
10　Povre fens & povre mémoire

mains de vins frais et efcuré les dents d'un pied de porc, le jeu de la *griefche.* Mais en quoi consistait-il? C'est ce que nous ne savons pas positivement. « Le mot *griefche,* dit Le Duchat, est le nom d'un volant en Anjou, à cause qu'on l'y fait de plumes de perdrix grises, qui s'appellent, en ces quartiers-là, *griefches.* » Telle est aussi l'opinion de Ménage, qui ajoute qu'au Maine ce jeu s'appelait *coquantin,* parce qu'on faisait aussi des volants de plumes de coqs. Enfin, M. Éloi Johanneau (voyez page 424 du 1er vol. de son édit. de *Rabelais*) présume que le nom de *gruefche* ou *griefche,* donné au jeu de volant en Anjou, pourrait bien être dérivé de celui que les enfants jouent encore en Sologne, sous le nom de *pirouette,* et qui consiste à recevoir et à renvoyer, avec des palettes de bois, un volant dont les plumes sont piquées sur un petit cylindre de bois que les paysans nomment *dru* ou *grue* au jeu de palet. Ne pourrait-on pas conclure de cette explication que, par ces mots: *la Griefche d'efté, la griefche d'yver,* Rutebeuf a voulu, par allusion au jeu dont nous parlons, dépeindre en quelque sorte la ténacité avec laquelle la misère s'attachait à lui, le poursuivant sans relâche d'une saison à l'autre, et le renvoyant toujours malheureux de l'hiver à l'été, comme un volant?

Voici maintenant une explication plus récente et probablement plus juste: « Depuis un demi-siècle, dit M. Paulin Paris, en citant notre première édition de Rutebeuf, un nouveau jeu de dés était arrivé de Grèce en France, par l'Italie. On l'appelait tantôt *Blanque* ou *Blanche,* tantôt *Azar* ou *Zara,* tantôt

M'a Diex doné li rois de gloire
  Et povre rente,
Et froit au cul quant bise vente.
Li vens me vient, li vens m'eſvente,
15 Et trop ſovent
Pluſors foies ſent le vent.
Bien le m'ot grieſche en covent
  Quanques me livre;
Bien me paie, bien me délivre :
20 Contre le ſout me rent la livre
  De grant poverte.
Povretez eſt ſor moi reverte :
Toz jors m'en eſt la porte ouverte,
  Toz jors i ſui
25 Ne nule foiz ne m'en eſſui;
Par pluie moil, par chaut eſſui.
  Ci a riche homme;
Je ne dorm que le premier ſomme.
De mon avoir ne ſai la ſomme
30 Qu'il n'i a point.
Diex me fet le tens ſi à point :
Noire mouſche en eſté me point,

Grieſche. Il est permis de supposer que la couleur des cases qui renfermaient les nombres heureux fut l'occasion du premier de ces noms, et que celui de *Grieſche* rappelait que les Croisés l'avaient transporté dans l'Occident, au retour de la conquête de l'empire grec. » En tout cas, on trouve dans le portefeuille de Fontanieu, n° 60 (Mss. de la Bibl. impériale), divers passages d'un compte de l'hôtel du comte de Poitiers, où ce jeu est mentionné.

DE LA GRIESCHE D'YVER.

En yver blanche [1].
Iſſi ſui com l'oſière franche
35 Ou com li oiſiaus ſeur la branche :
En eſté chante,
En yver plor & me gaimante,
Et me deſſuel auſſi com l'ente [2]
Au premier giel.
40 En moi n'a ne venin ne fiel ;
Il ne me remaint rien ſouz ciel :
Tout va ſa voie.
Li enviail que je ſavoie
M'ont avoié, quanques j'avoie
45   Et forvoié,
Et fors de voie deſvoié.
Fols enviaus ai envoié,
Or m'en ſouvient ;
Or voi-je bien, tout va, tout vient :
50 Tout venir, tout aler covient,
Fors que bien fet.
Li dé qui li détier ont fet
M'ont de ma robe tout desfet ;
Li dé m'ocient,

1. Ces deux vers se retrouvent plus loin dans le *Dit des Ribaux de Greive*. Voyez, à cette pièce, l'explication que nous en donnons.

2. *Ente*, arbre greffé. — On lit, page 14, strophe 6e, dans le *Fablel du dieu d'amours*, que j'ai publié en 1834 :

> De tel manière eſtoit tous li vergiés
> Ains n'i ot arbre, ne fuſt pins ou loriés,
> Cyprès, aubours, ENTES & oliviers.

55 Li dé m'aguetent & efpient,
    Li dé m'affaillent & deffient,
        Ce poife moi;
    Je n'en puis mès, fe je m'efmai.
    Ne voi venir avril ne may :
60   Vezci la glace;
    Or fui entrez en male trace.
    Li trahitor de pute eftrace
        M'ont mis fanz robe :
    Li fiècles eft fi plains de lobe!
65 Qui auques a, fi fet le gobe;
        Et je que fais?
    Qui de pövreté fent le fais?
    Griefche ne m'i left en pais;
        Mult me defroie,
70 Mult m'affaut & mult me guerroie.
    Jamès de ceft mal ne garroie.
        Par tel marchié :
    Trop ai en mauvès leu marchié.
    Li dé m'ont pris & emparchié;
75   Je les claim quite :
    Fols eft qu'à lor confeil abite;
    De fa dète pas ne f'aquite,
        Ainçois f'encombre;
    De jor en jor acroift le nombre.
80 En efté ne quiert-il pas l'ombre
        Ne froide chambre,
    Que nu li font fovent li membre.
    Du duel fon voifin ne li membre,
        Mès le fien pleure;

85 Griesche¹ li a coru seure,
　Desnué l'a en petit d'eure,
　　Et nus ne l'aime;
　Cil qui devant cousin le claime
　Li dist en riant : « Ci faut traime
90　　Par lécherie².
　Foi que tu dois sainte Marie,
　C'or va ore en la draperie,
　　Du drap acroire.
　Se li drapiers ne t'en veut croire,
95 Si t'en reva droit à la foire
　　Et va au change.
　Se tu jures saint Michiel l'ange,
　Que tu n'as seur toi lin ne lange
　　Où ait argent,
100 L'en te verra mult biau sergent.
　Bien t'apercevront la gent;
　　Créus feras;
　Quant d'iluecques remouveras
　Argent ou faille enporteras. »
105　　Or a sa paie;
　Ainsi vers moi chascuns s'apaie :
　　Je n'en puis més.

1. On voit que Rutebeuf emploie à la fois le mot *griesche* dans ses deux significations, tantôt comme allusion au jeu de ce nom, tantôt dans le sens de *gravatio*, inconvénient, charge, fardeau. Il faut l'entendre sous cette dernière acception dans le passage qui occasionne cette note.
2. Ms. 7615. VAR. Tricherie.

Explicit la Griesche d'Yver.

La Griesche d'Este.

Mss. 7218, 7615, 7633.

En recordant ma grant folie,
Qui n'est ne gente ne jolie
   Ainz est vilaine
Et vilains cil qui la demaine,
5 Me plaing .vij. jors en la femaine
   Et par reson :
Si esbahiz ne fu mès hom,
Qu'en yver toute la feson
   Ai fi ouvré
10 Et en ouvrant m'ai aouvré
Qu'en ouvrant n'ai rien recouvré
   Dont je me cuevre.
Ci a fol ouvrier & fole oevre;
Qui par ouvrer riens ne recuevre
15   Tout torne à pérte,
Et la griesche est si aperte,
Qu'eschec dit à la descouverte
   A son ouvrier,
Dont puis n'i a nul recouvrier.
20 Juingnet li fet fambler février.
   La dent dit : « Cac, »

LA GRIESCHE D'ESTÉ.

Et la griesche dit : « Eschac ; »
Qui plus en fet s'afuble sac
    De la griesche.
25 De Gresce vient, si griez éesche ;
Or est la Borgoingne briésche.
    Tant a venu
De la gent qu'ele a retenu,
Sont tuit cil de sa route [1] nu
30   Et tuit deschaus ;
Et par les froiz & par les chaus,
Nès li plus mestres seneschaus,
    N'ont robe entière.
La griesche est de tel manière
35 Qu'ele veut avoir gent légière
    En son servise.
Une eure en cote, autre en chemise.
Tel gent aime com je devise :
    Trop het riche homme ;
40 S'aus poins le tient èle l'assomme.
En corte terme fet bien la somme
    De son avoir :
Plorer li fet son non-savoir ;
Souvent li fet gruel avoir,
45   Qui qu'ait avaine.
Tramblé m'en a la mestre vaine :
Or vous dirai de lor couvaine ;
    J'en sai assez.
Sovent en ai esté lassez :

---

1. Voyez, pour le mot *route*, la pièce du *Mariage Rutebeuf*, vers la fin.

50 Mi-marz que li frois est passez,
       Notent & chantent.
     Li .i. & li autre se vantent
     Que se dui dé ne les enchantent
       Il auront robe.
55   Espérance les sert de lobe,
     Et la griesche les desrobe.
       La borse est vuide;
     Li geus se ce que l'en ne cuide:
     Qui que tisse chascuns desvide;
60   Li penssers chiet;
     Nul bel eschet ne lor eschiet.
     N'en puéent mes qu'il lor meschiet.
       Ainz lor en poise:
     Qui qu'ait l'argent, Diex a la noise.
65   Aillors covient lor penssers voise,
       Quar .ij. tornois,
     Iij. paresis, .v. vienois,
     Ne puéent pas fère .i. borgois
       D'un nu despris.
70   Je ne di pas que je's despris;
     Ainz di qu'autres conseus est pris.
       De cel argent
     Ne s'en vont pas longues charjant,
     Por ce que li argens art gent,
75   N'en ont que fère,
     Ainz entendent à autre afère :
     Au tavernier font du vin trère;
       Or entre boule
     Ne boivent pas, chascuns le coule:

80 Tant en entonent par la goule,
　　　Ne lor fovient
　Se robe achater lor covient.
　Riche font, mes ne fai dont vient
　　　Lor grant richèce :
85 Chafcuns n'a riens quant il fe drèce.
　Au paier font plains de perèce :
　　　Or faut la fefte,
　Or remainent chançons de gefte;
　Si f'en vont nu comme une befte
90　　　Quand ils f'efmuevent.
　A lendemain povre fe truevent;
　Lui dui dé povrement fe pruevent :
　　　Or faut quarefme
　Qui lor a efté dure & pefme.
95 De poiffon autant com de crefme
　　　I ont éu :
　Tout ont joué, tout ont béu.
　Li uns a l'autre decéu,
　　　Dift Rustebués,
100 Por lor tabar[1], qui n'eft pas nués,
　Qui toz eft venduz en .ij. oès[2];
　　　Et avril entre,
　Et il n'ont riens defors le ventre.
　Lors font il vifte & prunte & entre :
105　　　S'il ont que metre,

1. *Tabar :* voyez, pour l'explication de ce mot, une des notes de la *Complainte du Roi de Navarre.*
2. Les huit vers qui suivent sont transposés d'une manière fautive dans le Ms. 7633.

Lors les verriiez entremetre
De dez prendre & de dez jus metre.
Ez vous la joie :
Ni a si nu qui ne s'esjoie ;
110 Plus sont seignor que raz sus moie[1].
Tout cel esté
Trop ont en grant froidure esté.
Or, lor a Diex .i. tens presté
Où il fet chaut,
115 Et d'autre chose ne lor chaut :
Tuit ont apris aler deschaut.

1. *Que ras sus moie*, que rats sur meule, c'est-à-dire dans un tas de gerbes.

Explicit la Griesche d'Esté.

La Mort Rustebeuf,

ou ci encoumence

La Repentance Rutebeuf [1].

Mss. 7218, 7633, 198 N.-D.

Lessier m'estuet le rimoier,
Quar je me doi mult esmaier
Quant tenu l'ai si longuement :
Bien me doit le cuer lermoier

1. Cette pièce est probablement une des dernières de Rutebeuf. Il l'écrivit sans doute après quelque maladie, sentant que sa fin était proche. Il avoue, en effet, dès le premier vers, *qu'il y a longtemps qu'il rime, et que, si une chose doit l'étonner, c'est d'avoir pu rimer si longtemps.* Plus loin, il dit qu'il est temps pour lui *de sortir de ce monde.* Entendait-il par là nous faire savoir qu'il allait finir ses jours dans une maison religieuse, ou qu'il ne tarderait pas à mourir?... Ce qui me ferait penser qu'il a voulu indiquer le dernier cas, c'est que, dans le Ms. 7218 de la Bibl. impériale, qui contient le meilleur et le plus vaste recueil de ses œuvres, cette pièce est placée la dernière, comme si elle eût dû clore sa vie, et qu'après on lit : « *Expliciunt tuit li dit Ruftebeuf.* »
Au reste, durant toute cette pièce, le trouvère n'exprime pas un seul regret de ce qu'il a écrit Il avoue bien *qu'il a vécu aux dépens d'autrui, qu'il a chanté les uns pour plaire aux autres,* mais il ne dit pas qu'il se repente de s'être élevé contre les ordres mendiants et contre le clergé. Il n'y a donc là aucune palinodie, ainsi que le prétend quelque part Legrand d'Aussy.

5 C'onques ne me poi amoier [1]
A Dieu fervir parfètement;
Ainz ai mis mon entendement
En geu & en efbatement,
Qu'ainz ne daignai nès faumoier [2] :
10 Se por moi n'eft au jugement
Cele où Diex prift aombremenf,
Mau marchié pris au paumoier [3].

Tart ferai mès au repentir.
Las moi! c'onques ne fot fentir
15 Mes fols cuers quels eft repentance,
N'a bien fère lui affentir!
Comment oferoie tentir [4]
Quant nès li jufte auront doutance?

1. Ms. 7633. VAR. Soi. — *Amoier*, appliquer, adonner. On trouve, dans le *Dit du Buffet* (voir Méon):

Qui biau fet dire & rimoier.
Bien doit fa fcience *amoier*.

2. *Saumoier*, dire ses psaumes.
3. Le poëte dit qu'il a eu tort de laisser Dieu pour le *geu de paume & l'efbatement*, et que si, au jour du *jugement*, la Vierge n'intercède pour lui, il aura fait, à ce sujet-là, un *mauvais marché*. — Le Ms. 7633 offre cette variante :

Ton marchié pris à *paumoier*.

4. *Tentir*, littéralement : *tinter*; mais on pourrait traduire ce mot avec plus d'exactitude par cette locution vulgaire : *souffler*. (Comment oserais-je souffler, puisque les justes eux-mêmes ne seront pas exempts de crainte?)

J'ai toz jors engreffié ma pance
20 D'autrui chatel, d'autrui fubftance.
Ci a bon cler au mieux mentir :
Se je di : « C'eft par ignorance
Que je ne fai qu'eft pénitance ! »,
Ce ne me puet pas garantir.

25 Garantir ! las ! en quel manière ?
Ne me fit Diex bonté entière,
Qui me dona fens & favoir,
Et me fift à fa forme fière ?
Encor me fift bonté plus chière,
30 Que por moi vout mort recevoir.
Sens me dona de decevoir
L'anemi qui me veut avoir
Et mettre en fa chartre première,
Là dont nus ne fe puet r'avoir :
35 Por prière ne por avoir,
N'en voi nus qui reviegne arrière.

1. Dans la strophe suivante, Rutebeuf veut parler ici, non pas de ses vers sur les ordres religieux, sur l'Université, mais de ses *Complaintes*, de ce que l'on pourrait appeler ses *Pièces politiques*. Pour celles-là, je croirais assez volontiers qu'il les a, en partie, du moins, composées à la demande ou sur l'invitation des héritiers et des familles, dont il espérait une récompense. Il paraît, en tout cas, que même le Roi, même les grands, malgré leurs promesses, la lui faisaient parfois attendre longtemps, car, çà et là, dans ses œuvres, il lui échappe quelques plaintes à ce sujet. Quant à ses éloges des écoliers et des professeurs, à

J'ai fet au cors fa volenté;
J'ai fet rimes, & f'ai chanté
Sor les uns por aus autres plère,
40 Dont anemis [1] m'a enchanté
Et m'âme mife en orfenté [2]
Por mener à félon repère.
Se cele en qui toz biens refclère
Ne prent en cure mon afère [3],
45 De male rente m'a renté
Mes cuers, où tant truis de contraire :
Fificien, n'apoticaire
Ne me puéent doner fanté.

ses invectives contre les moines, je ne crois pas qu'il en ait jamais attendu autre chose que de la popularité. Les premiers étaient trop pauvres pour pouvoir le récompenser; et les seconds, lors même qu'ils auraient pu le faire changer d'avis en le payant, étaient trop avares pour le tenir jamais à leur solde. Aussi y va-t-il de bon cœur et voit-on dans ses vers contre eux une verve, une ardeur, une satisfaction qui impliquent le désintéressement et révèlent une sorte de vengeance satisfaite. Rutebeuf, d'ailleurs, en écrivant ainsi, agissait dans le sens de l'opinion publique d'alors et se laissait emporter volontiers, sans préoccupation personnelle, à ce torrent. Prêcher la croisade, s'élever contre les ordres religieux et défendre l'Université, c'était, au XIIIe siècle, à Paris du moins, faire acte de libéralisme, et, à ce compte, notre poëte a dû jouer, de son temps, un rôle particulier, assez important pour exercer quelque action sur l'opinion publique.

1. *Anemis*, c'est-à-dire le démon, l'ennemi.
2. *Orfenté*, état d'un orphelin.
3. 7683. Var. M'enfertei.

LA MORT RUSTEBEUF.

  Je fai une fificienne
50 Que à Lions, ne à Viene,
  Ne tant comme li fiècles dure,
  N'a fi bonne ferurgienne.
  N'eſt plaie, tant foit anciene,
  Qu'ele ne nétoie & efcure
55 Puis qu'ele i veut metre fa cure.
  Ele efpurja de vie obfcure.
  La bénéoite Egypciene ;
  A Dieu la rendi nete & pure :
  Si com c'eſt voirs, fi praingne en cure
60 Ma laffe d'âme creſtienne !
  Puis que morir voi foible & fort,
  Comment prendrai en moi confort
  Que de mort me puiffe défendre ?
  N'en voi nul, tant ait grant effort,
65 Qui des piez n'oſt le contrefort ;
  Si fet le corps à terre eſtendre.
  Que puis-je, fors la mort atendre ?
  La mort ne leſt ne dur ne tendre,
  Por avoir que l'en li aport,
70 Et quant li cors eſt mis en cendre
  Si covient à Dieu refon rendre [1]
  De quanques fiſt dufqu'à la mort.

  Or ai tant fet que ne puis mès ;
  Si me covient tenir en pès :

---

1. Ms. 7633. Var. Si covient l'arme raison rendre (il faut que l'âme rende raison de, etc.).

75 Diex doinſt que ce ne ſoit trop tart!
Toz jors ai acréu mon fès,
Et oï dire à clers & à lès:
« Com plus couve li feus, plus art. »
Je cuidai engingner Renart;
80 Or n'i valent engin ne art,
Qu'aſſéur[1] eſt en ſon palès.

1. La copie du Ms. 7218, qui appartient à la Bibliothèque de l'Arsenal et qui provient, je crois, des Mss. du marquis de Paulmy, contient ici en marge une annotation très-fautive. Elle traduit *aſſéur* par Assuérus. Je me trompe fort, ou, loin de prendre ce mot comme le nom du roi dont parle l'Écriture-Sainte, le poëte l'entend dans le sens de *assuré, tranquille*, ainsi qu'on le voit dans plusieurs autres poëmes, par exemple à la troisième strophe de *La roe de fortune*, petite pièce qui se trouve dans mon recueil intitulé *Jongleurs et Trouvères* (Paris, Merklein, 1835), page 178:

> En ce fiècle n'a fors éur;
> N'i doit eſtre nus ASSÉUR,
> . . . .
> Que nus tant i ait feignorie,
> N'i ait ASSÉUR de sa vie, &c.

Rutebeuf a donc voulu dire qu'il espérait tromper *Renard*, mais que la ruse et l'adresse ne servent à rien pour cela, car Renard est à l'abri et sans crainte dans *son palais*.

Pour faciliter l'intelligence de cette allusion, touchant le héros de notre premier poëme satirique, il est bon de rappeler ici la définition du mot *Renart*, donnée par l'auteur même de ce roman, vers 107e et 108e de l'édition de Méon:

> Tuit cil qui font d'engin & d'art
> Sont mès tuit appelés RENART.

Por cet fiècle qui fe départ [1]
M'en covient partir d'autre part :
Qui que l'envie, je le lès.

[1]. Ce vers prouve que notre poëte écrivait cette pièce vers la fin du XIIIe siècle, dans un âge avancé, où sa mort était proche.

**Ci faut la mort Rustebuef,
ou Explicit la Repantance Rustebuef.**

C'est la Complainte au Roi de Navarre[1].

Ms. 7633.

PITIEZ à compleindre m'enseigne
D'un home qui avoit feur Seine
Et for Marne maintes maifons;
Mais à teil bien ne vint mais hons
5 Comme il venift, ne fuft la mort
Qui en fa venue l'amort.

1. Cette pièce date de l'année 1271. Rutebeuf y rappelle, avec une grande sensibilité et un véritable talent poétique, la perte regrettable que la France venait de faire en la personne du prince dont il trace l'éloge en très-bons vers. C'est en parlant de ce genre de poëme, que M. Paulin Paris a dit de Rutebeuf : « Ses complaintes sont un de ses meilleurs titres à nos éloges. Elles ont une haute importance historique : elles pourraient trouver place dans la série des monuments de l'histoire de France, et Rutebeuf y fit preuve d'un talent poétique plus élevé que partout ailleurs; on peut même dire que, sans ce lien qui les rattache à nos annales, les œuvres complètes de Rutebeuf, malgré l'intérêt piquant de sa lutte contre les ordres mendiants, attendraient encore aujourd'hui l'éditeur estimable qu'elles ont rencontré. » M. Paulin Paris va peut-être un peu loin dans cette dernière phrase; mais pour le reste je ne puis qu'être de son avis et le remercier de ses bonnes et sympathiques paroles.

C'eſt li rois Thiebauz de Navarre [1].
Bien a ſa mort mis en auvarre [2]
Tout ſon roiaume & ſa contei.

[1]. Thibaut V, comte de Champagne et roi de Navarre, fils de Thibaut IV, dit le *Chansonnier*, et de Marguerite de Bourbon, fille d'Archambault VIII, naquit en 1240. Il n'avait encore que treize ans lorsqu'il fut appelé au trône, sous la tutelle de sa mère. En 1255, et non en 1258, comme on l'a écrit, il épousa à Melun, après avoir, moyennant 3,000 livres de rente, fait sa paix avec le duc de Bretagne, Isabelle, fille aînée de saint Louis, dont il n'eut point d'enfants. En 1268, il rejeta les propositions de Baudouin, empereur de Constantinople, qui lui promettait le quart de son empire, s'il voulait l'aider à reconquérir ses États sur Michel Paléologue et ceux qui les lui avaient ravis sept années auparavant.

Ce prince, qui était un homme de bon conseil, fort libéral et ami des lettres, ainsi que le prouvent l'érection qu'on lui dut de l'Académie de Tudéla, en Navarre, et les nombreux priviléges qu'il accorda à ceux qui en fréquentaient les écoles, fit composer, par Vincent de Beauvais, un traité sur les devoirs des grands et de ceux qui ont des charges considérables dans l'État. Il partit, en 1270, pour la seconde croisade, et écrivit de Tunis, le 25 août de la même année, sur le trépas de saint Louis, une lettre remarquable qui nous est restée. D'autres prétendent, au contraire, qu'elle lui fut adressée par l'évêque de Tunis. On la trouve dans la *Bibliographie des croisades*, de Michaud. Thibaut V mourut le 4 décembre 1270, à son retour de l'expédition, à Trapani, en Sicile, où il s'était arrêté. Son corps fut apporté dans l'église des Cordeliers de Provins, et son cœur dans celle des Jacobins de la même ville.

[2]. *Auvarre*, désolation, chagrin violent; *adversum*.

10   Por les biens c'on en a contei.
     Quant li rois Thiebaus vint à terre
     Il fut affeiz, qui li mut guerre
     Et qui mout li livra entente,
     Si que il n'ot oncle ne tente
15   Qui le cuer n'en éuſt plain d'ire [1];
     Mais je vos puis jurer & dire
     Que c'il fuſt ſon éage en vie

1. Thibaut V, dès sa naissance, compta beaucoup d'ennemis parmi ses proches, dont la troisième union du vieux comte de Champagne était venu renverser tous les projets au sujet des riches domaines qu'il possédait. Celui d'entre eux qui dut en être le plus vivement contrarié fut, sans contredit, Jean Ier, dit *Le Roux*, duc de Bretagne, mari de Blanche de Champagne, alors fille unique de Thibaut IV et d'Agnès de Beaujeu, sa deuxième femme. Cette alliance, par laquelle Jean Ier espérait, si Thibaut mourait sans autre postérité, hériter du royaume de Navarre, excita plus tard, entre Thibaut V et le duc de Bretagne, des dissensions que saint Louis ne put calmer qu'en faisant dépendre de leur cessation son consentement au mariage de sa fille Isabelle avec le premier de ces princes (voyez *Joinville*). Mais l'animosité générale contre Thibaut V se montra surtout lorsqu'il parvint au trône. Tout le monde, à cette époque, se ligua contre lui, et sa mère Marguerite, qui mourut en 1258, se trouva vis-à-vis de ses égaux et de ses sujets dans la position critique où la reine Blanche s'était vue, durant la minorité de saint Louis, à l'égard de Thibaut IV et des autres grands vassaux. Grâce à son habileté et son adresse, elle se tira pourtant de ces circonstances difficiles avec le même bonheur que la veuve de Louis VIII.

De li cembleir éuſt envie
Li mieudres [1] qui orendroit vive,
20 Que vie ſi nete & ſi vive
Ne mena n'uns qui ſoit ou monde.
Large, cortois & net & monde,
Et boen au chans & à l'oſtei,
Tel le nos a la mort oſtei.
25 Ne croi que mieudres creſtiens,
Ne jones hom ne anciens,
Remainſiſt la jornée en l'oſt;
Si ne croi mie que Dieux l'oſt
D'avec les ſainz, ainz l'i a mis,
30 Qu'il a toz jors eſtei amis
A ſainte Egliſe & à gent d'ordre [2].
Mout en fait la mors à remordre
Qui ſi gentil mortel a mors;
Pieſà ne mordi plus haut mors :
35 Jamais n'iert jors que ne ſ'en plaigne.
Navarre & Brie & Champaingne,
Troie, Provins, & li dui Bar,
Perdu aveiz voſtre tabar [3],

1. *Li mieudres*, le meilleur; *melior*.
2. C'est-à-dire : aux religieux.
3. Le *tabar* était une eſpèce de manteau qui se mit d'abord par-dessus la cotte de maille, et plus tard par-dessus l'armure. Ici, comme le poëte l'explique lui-même, il l'entend dans le sens figuré de *protection*, *soutien*. On lit dans le roman du Petit Jehan de Saintré : « Et quand mes lettres furent faites, il me mena prendre congié du Roy, qui me fit très-bonne chière; et, pour l'amour de notre ſire le Roy, aussi

C'eſt-à-dire voſtre ſecours.
40 Bien fuſtes fondei en décours [1],
Quant teil ſeigneur aveiz perdu,
Bien en deveiz eſtre eſperdu.

Mors desloaux, qui rienz n'entanz
Se le laiſſaſſes .lx. anz
45 Ancor vivre par droit aage,
Lors ſ'en préiſſes le paage
Si n'en péuſt pas tant chaloir [2];
Or eſtoit venuz à valoir.
N'as-tu fait grant deſconvenue
50 Qu'ant tu l'as mort en ſa venue
Mort deſloiaux, mors de pute aire ?
De toi blameir ne me puis taire
Quant il me ſovient des bienz faiz

de vous, me fit donner un *tabar* de velours figuré, noir, fourré de martres zebelines, et cent florins d'Aragon. » On trouve dans le roman de sir Walter Scott, *Quentin Durward*, quelques détails sur le *tabar*. M. le docteur Meyrick, membre de la Société royale des Antiquaires de Londres, a fait imprimer, dans les Mémoires de cette Société, une savante dissertation sur les vêtements de guerre, où il parle de celui-là. Voir également le texte de ma publication intitulée : l'*Armeria Real de Madrid*, 3 vol. in-fol.

1. Cette expression, *fondei en décours*, est plus facile à entendre qu'à commenter. *Décours* signifie : *decrescentia*. Or, comme on ne peut pas dire en français, *fondé en décroiſſance*, il faut nécessairement paraphraser pour traduire.

2. *Chaloir*, importer ; de *calere*.

Que il a devant Tunes faiz,
55 Où il a mis avoir & cors!
Li premiers iſſuz eſtoit fors
Et retornoit li darreniers.
Ne prenoit pas garde au deniers
N'auz garnizons [1] qu'il deſpandoit;
60 Mais ſaveiz à qu'il entendoit,
A viſeteir les bones genz.
Au mangier eſtoit droiz ſerjenz,
Après mangier eſtoit compains
De toutes bones teches plains,
65 Pers aus barons, aus povres peires [2],
Et aus moiens compains & frères;
Bons en conſoil & bien méurs,
Auz armes viſtes & ſéurs,
Si qu'en tout l'oſt n'avoit ſon peir.
70 Douz foiz le jor faiſoit trampeir [3]

1. *Garnizons*, frais, dépenses, achats de vivres et de provisions de toute espèce. L'exemple suivant est tiré de l'*Eſbatement du mariage des quatre fils Hémons*, que j'ai publié dans les notes du premier de mes deux volumes de *Mystères* (Paris, 1837, in-8°). « Et prendra ses *garnisons* en la granche à Petit-Pont, c'est assavoir : buche, charbon, foin et avoine. »

2. Je ne puis m'empêcher de faire remarquer ici quelle finesse il y a dans ce jeu de mots entre *pers* (égal); *par*, et *peires*, père, *pater*.

3. Ce mot *trampeir*, qu'on ne trouve dans aucun glossaire, répond parfaitement à notre terme populaire *tremper la soupe*. Il est employé quelquefois comme marque de temps. Un de nos anciens chroniqueurs dit, en parlant d'une armée en marche, que,

Por repaiftre les familleuz.
Qui déift qu'il fuft orgueilleuz
Et il le véift au mangier,
Il fe tenift por menfongier.
75 Sa bataille eftoit bonne & fors,
Car ces femblanz & ces effors
Donoit aux autres hardieffe.
Onques home de fa joneffe
Ne vit n'uns contenir fi bel [1],
80 En guait, en eftour, en cembel.

Qui l'ot en Champagne véu,
En Tunes l'ot defconnéu :
Qu'au befoing connoît-hon preudome;
Et vos faveiz, ce eft la fomme,
85 Qui en pais eft en fon païs
Tenuz feroit por foux nayx
C'il f'aloit auz paroiz combatre.
Par cefte raifon vuel abatre
Vilonie, f'on l'en a dite.
90 Que fa vaillance l'en acquite.
Quant l'aguait faifoit à fon tour,
Tout aufi come en une tour
Eftoit chacuns afféureiz,

de tel endroit à tel autre, « les foldats *trempèrent* vingt foupes. » A deux par jour, je fuppofe, il eft facile de voir tout de fuite combien le total offre de journées; mais ce n'en eft pas moins, il faut en convenir, un affez bizarre calendrier.

1. *Contenir fi bel*, avoir fi belle contenance.

Car touz li oz eſtoit mureiz :
95 Lors eſtoit chaſcuns aſéur [1]
Car li fiens gaiz valoit .i. mur.

Quant il eſtoient retornei,
Si trovoit-hon tot atornei
Tables & blanches napes miſes !
100 Tant avoit laians de repriſes [2]
Donées ſi cortoiſement
Et roi de teil contenement,
Qu'à aiſe ſui quant le recorde,
Por ce que chaſcuns c'en deſcorde
105 Et que chaſcuns le me teſmoingne
De ceulx qui virent la beſoigne,
Que n'en truis contraire nelui
Que tout ce ne ſoit voirs de lui.

Roi HANRRIS, frères au bon roi [3],

---

1. *Voyez*, pour ce mot, à la fin de la *Mort Rutebeuf*.
2. *Reprises*, parties de jeu, revanches.
3. Ce prince, comte de Rosnay, succéda en 1270, dans le titre de comte de Champagne et de roi de Navarre, à Thibaut V, son frère, qui l'avait déclaré son héritier avant de partir pour la seconde croisade. Il porta le nom de Henri III et le surnom de *le Gros* ou *le Gras*. Il eut pour femme Blanche d'Artois, fille de Robert, frère de saint Louis, qui lui apporta en dot 25,000 livres tournois, et qui épousa en secondes noces Edmond de Lancastre, frère du roi d'Angleterre. Elle fut très-liée avec Marie de Brabant, reine de France, deuxième femme de Philippe-

110 Dieux mète en vos fi bon aroi
Com en roi Thiebaut voſtre frère!
Jà fuſtes-vos de fi boen peire!
Que vos iroie délaiant.
Ne mes paroles porloignant?
115 A Dieu & au fiècle plaiſoit
Quanque li roi Thiébauz faiſoit:
Fontaine eſtoit de cortoiſie;
Toz biens iert ſanz vilonie,
Si com j'ai oï & apris
120 De maître Jehan de Paris [1],

le-Hardi. Le règne de Henri, qui fut court, n'offre aucun événement remarquable. Ce prince fut, comme ſes deux prédéceſſeurs, très-libéral envers les égliſes de ſes États. Il mourut, en 1274, à Pampelune, dans la cathédrale de laquelle il fut enterré; mais ſon cœur fut dépoſé dans le couvent des Sœurs-Mineures de Provins. Il laiſſa une fille nommée Jeanne, née à Bar-sur-Aube, en 1272, qui hérita des États de ſon père, et les porta dans la maiſon de France par le mariage qu'elle contracta, en 1284, avec Philippe-le-Bel, qui devint roi de France l'année ſuivante.

1. Il ne faut pas confondre ce Jean de Paris, ſurnommé *Poin-l'âne* ou *Piqué-anon*, avec un certain Guillaume, dit *Pungens aſinum*, dont parle Baluze, dans ſa *Vie des Papes d'Avignon*, et qui mourut, en 1306, à Bordeaux, auprès de Clément V, ni avec un autre Jean de Paris, ſurnommé *Du Sourd* (Johannes Surdus). Celui dont parle Rutebeuf eſt peut-être le *Poin-l'âne* que cite Henri d'Andeli dans la *Bataille des VII arts*, quand il dit:

    Là fu meſtre Jehan li pages,
     Et Poin-l'ane, cil de Gamaches;

Qui l'amoit de ſi bone amour
Com preudons puet ameir ſeignor.
Vos ai la matière deſcrite
Qu'em trois jors ne ſeroit pas dite.
125 Meſſire ERARS de Valeri [1],
A cui onques ne ſ'aferi
N'uns chevaliers de loiautei,
Diex, par vos, ſi l'avoit fait teil
Que mieudres n'i eſt demoreiz
130 Et au loing fuſt tant honoreiz.

ou bien celui que mentionne Duboullay, dans son *Histoire de l'Université de Paris*, et sur lequel il donne les détails suivants : Johannes Parisiensis, magister in artibus, publice aliquandiù docuit : deinde ad theologiam se contulit, in qua laureum doctoralem consecutus, publicam etiam in facultate cathedram tenuit, magnâ discipulorum frequentiâ; scripsit super sententias. Florebat anno 1270 : usque ad annum 1300 (circa) vixit. » Trithème a dit de ce docteur : « Claruit sub Rodolpho imperatore, anno Domini 1280. » Un vieil auteur, H. Spondanus, parlant de Jean Poin-l'ane (*Pariſienſis*), dit avoir trouvé quelque part que son surnom, *Pungentis aſinum*, lui était venu de ce qu'il montrait toujours *vehementem in diſputationibus & rixoſum*.

1. Dans les notes finales de ma première édition de Rutebeuf, j'ai donné la biographie à peu près complète d'Érard de Valéry, d'après les documents originaux. C'était un des meilleurs chevaliers du viie siècle et un des protecteurs les plus éclatants de Rutebeuf, à qui il commanda (sans doute pour plaire à la reine Isabelle de Navarre) la *Vie de sainte Élisabeth de Hongrie*, qu'on trouvera plus loin. Notre poëte le nomme encore dans la *Complainte du Comte de Ne-*

Prions au Peire glorieuz
Et à fon chier Fil précieus
Et le Saint Efperit encemble
En cui toute bonteiz f'afemble,
135 Et la douce Vierge pucele
Qui de Dieu fu mère & ancele [1]
Qu'avec les sainz martirs li face
En paradix & leu & place.

vers. Il mourut en 1277. Guiart a dit de lui, dans la *Branche aus royaus lignaiges* :

« Arriva là le pas séri,
Meffire Erard de VALÉRI,
Un haut baron cortois & fage,
Et plain de fi grand vaffelage,
Que fon cors & fes fais looient
Tuit cil qui parler en ooient. »

1. *Ancele*, servante; *ancilla*.

Explicit.

Ci encoumence
La Complainte don Conte de Poitiers[1].

Ms. 7633.

Qui ainme Dieu & fert & toute
Volentiers fa parole efcoute :
Ne crient maladie ne mort
Qu'à lui de cuer ameir f'amort;
5   Temptacions li cemble vent,

---

1 Alphonse, comte de Poitiers, frère de saint Louis. Cette pièce, qui célèbre sa vie, est de l'époque de sa mort, arrivée le 21 août 1271. Voici quelques-uns des détails que je donnais sur ce prince dans ma première édition : « Après la mort de saint Louis, qui arrive le 25 août 1270, l'expédition étant manquée, Alphonse et sa femme firent voile des côtes d'Afrique vers la Sicile, où ils passèrent l'hiver et une partie du printemps. Ils allèrent de là en Italie et continuèrent leur route par terre. Tous deux ayant été attaqués d'une violente maladie au château de Corneto, sur les confins de la Toscane et des États de Gênes, se firent transporter à Savone. Alphonse mourut le 21 août 1271, âgé de 51 ans, sans laisser de postérité. Jeanne, sa femme, mourut le mardi suivant.

L'*Histoire littéraire de la France*, tome XX, s'exprime ainsi à propos de la pièce qui nous occupe : « Le

Qu'il at boen escu par devant :
C'est le costei son criatour
Qui por nos entra en l'estour
De toute tribulacion
10 Sens douteir persécucion.
De son costei fait-il son hiaume,
Qu'il désirre lou Dieu roiaume,
Et c'en fait escuit & ventaille [1]
Et blanc haubert à double maille ;
15 Et si met le cors en présent
Por celui qui le fais pésent
Vout soffrir de la mort ameire.
De légier laisse peire & meire,
Et fame & enfans & sa terre,

nouveau roi revenait tristement avec les cercueils du roi Louis, son père, et du roi Thibaud. Bientôt après devaient suivre ceux de la reine de Navarre, du comte Alphonse de Poitiers, et de la comtesse Jeanne, sa femme. Alphonse mourut le premier, à Corneto, sur les frontières de Toscane. Rutebeuf, qui avait eu souvent recours à la libéralité de ce prince, fut chargé de composer la complainte de sa mort ; il s'en acquitta dignement, et ses vers méritent d'occuper une place parmi les monuments de l'histoire contemporaine. »

Le corps du comte de Poitiers fut porté dans l'église de Saint-Denis, où il avait choisi sa sépulture, et celui de Jeanne, dans l'abbaye de Gerci, en Brie, qu'elle avait fondée en 1269. Philippe-le-Hardi recueillit toute leur succession, malgré l'opposition de Philippe de Lomagne et celle de Charles d'Anjou, oncle du défunt. Le comté de Toulouse ne fut cependant réuni à la couronne que beaucoup plus tard (en 1361).

1. Écu et visière.

20 Et met por Dieu le cors en guerre,
    Tant que Dieux de ceſt ſiècle l'oſte :
    Lors puet ſavoir qu'il a boen hoſte,
    Et lors reſoit-il ſon mérite,
    Que Dieux & il ſunt quite & quite.
25 Ainſi fut li cuens de Poitiers [1],
    Qui toz jors fut boens & entiers :
    Chevaucha ceſt ſiècle terreſtre
    Et mena paradix en deſtre.

    Véu aveiz com longuement
30 At tenu bel & noblement
    Li Cuens la contei de Tholeuze,
    Que chaſcuns reſembleir goleuze [2]
    Par ſon ſang & par ſa largeſſe,
    Par ſa vigueur, par ſa proeſſe,
35 C'onques n'i ot contens ne guerre,
    Ainz a tenu en pais ſa terre :
    Por ce qu'il me fiſt tant de biens.[3]
    Vo voel retraire .i. pou des ſiens.

---

1. Je ne puis m'empêcher de faire remarquer à quel point tout ce qui précède est une habile entrée en matière, et combien l'éloge du comte de Poitiers est logiquement déduit de l'exorde. On voit par là qu'il y avait déjà, à cette époque, un grand art de composition.

2. Voir, pour le mot *golluze*, la fin de la *Complainte Rutebeuf*.

3. Rutebeuf nous montre ici, pour la seconde fois, qu'il avait le cœur bien placé, qu'il savait garder le souvenir des bienfaits et avouer ceux qu'il avait reçus.

Vo saveiz & deveiz savoir
40 Li commencemens de savoir :
Si est c'om doit avoir paour
De correcier son Saveour,
Et li de tout son cuer ameir
Qu'en s'amitié n'a point d'ameir;
45 En s'amitié n'a point d'ameir.
Tant l'ama li bon cuens Aufons[1].
Que ne croi c'onques en sa vie
Pensast .i. rain de vilonie.
Se por amer Dieu de cuer fin
50 Dou bersuel jusques en la fin
Et por sainte Églize enoreir,
Et por Jhésu-Crist aoureir
En toutes les temptacions,
Et por ameir religions[2]
55 Et chevaliers & povre gent

1. *Alphonse.*
2. Alphonse aima beaucoup, en effet, les *religions,* c'est-à-dire les couvents. Nous voyons que, outre les dons considérables qu'il leur fit durant sa vie, il leur légua encore en mourant, par son testament, la somme de 10,000 livres, non compris quelques dispositions accessoires.
De cela nous ne le blâmons point; mais, ce que nous lui reprocherons, c'est d'avoir fait pour l'inquisition, en quelques années, une dépense de plus de 20,000 livres. A côté de ceci se place pourtant un fait curieux à remarquer : c'est que le comte de Toulouse refusa toujours obstinément d'exécuter les legs faits au pape et à diverses corporations religieuses par son prédécesseur Raymond VII.

Où il a mis or & argent,
C'onques ne fina en sa vie,
Ce por c'est[1] arme en cielz ravie,
Dont i est jà l'arme le Conte
60 Où plus ot bien que ne vos conte.
Se que je vis puis-je bien dire :
Onques ne le vi si plain d'ire
C'onques li issist de sa bouche
Choze qui tornast à reprouche ;
65 Mais biaux moz, boenz enseignemens.
Li plus grans de ces sairemens
Si estoit : *Par sainte Garie*[2] !
Miraours de chevalerie
Fu-il, tant com il a vescu.
70 Mult orent en li boen escu
Li povre preudome de pris[3].

1. Il y a ici une élision curieuse. *Ce por c'est arme*, etc., c'est-à-dire : Si pour cela une âme est transportée au ciel.
2. Ce petit détail historique ne manque pas d'intérêt ; car nous trouverons aussi plus loin (dans la *Complainte de Guillaume de Saint-Amour*) le serment de saint Louis.
3. Le comte de Poitiers et sa femme firent l'un et l'autre des charités immenses, soit pendant leur vie, soit par leurs dernières dispositions, surtout en faveur des communautés religieuses et des hôpitaux. On peut juger jusqu'où allaient leurs aumônes annuelles par un mémoire qui nous reste (*Trésor des Chartes de Toulouse*, sac 8, nº 45), où il est marqué qu'ils distribuèrent, les seuls jours du lundi et du mardi de la Semaine-Sainte de l'an 1267, la somme

Sire Dieux! où eſtoit ce pris
Qu'il lor donoit ſens demandeir?
Ne's convenoit pas truandeir
75 Ne faire parleir à nelui :
Ce qu'il faiſoit faiſoit de lui,
Et donoit ſi courtoiſement,
Selonc chacun contenement,
Que n'uns ne l'en pooit reprandre.

de 895 livres tournois, qui était pour eux d'autant plus considérable que leurs revenus, joints ensemble, n'allaient, en 1257, qu'à 45,000 livres tournois. De même, en 1268, Alphonse, se préparant à passer en Terre-Sainte, fit distribuer 30 livres tournois à chacun des couvents des Frères Prêcheurs et Mineurs de Toulouse, une somme proportionnelle aux Frères Sacs, aux Frères de la Trinité, aux Frères Capistres, aux Frères de Saint-Augustin, aux Sœurs Minorettes, aux Sœurs de la Pouille, etc. Joinville, dans la Chronique qui est relative à la première croisade, dit que, au moment de quitter la Terre-Sainte, le comte de Poitiers emprunta les joyaux de ceux qui partaient avec lui pour en faire présent à ceux qui restaient. Il raconte aussi le fait suivant, qui prouve que les éloges de Rutebeuf ne sont point exagérés : « En ce point que le Roy eſtoit en Acre, ſe prirent les frères le Roy à jouer aus dez, & jouoit le comte de Poitiers ſi courtoiſement que quand il avoit gaigné il feſoit ouvrir la ſale, & feſoit appeler les gentilz homes & les gentilz femmes, ſe nulz y en avoit, & donnoit à poignées auſſi bien les ſiens deniers comme il feſoit ceulx qu'il avoit gaignés; & quand il avoit perdu, il achetoit par eſme (par estimation) les deniers à ceulz à qui il avoit joué, & à ſon frère le comte d'Anjou, & aus autres; & donnoit tout, & le ſien & l'autrui. »

COMPLAINTE DU ROI DE NAVARRE.

80 Hom nos at parlei d'Alixandre,
    De fa largefce, de fon fans,
    Et de ce qu'il fift à fon tans :
    S'en pot chacuns c'il vot mentir,
    Nei nos ne l'ofons defmentir.
85 Car nos n'eftions pas adonc ;
    Mais ce, por bontei ne por don,
    A preudons le règne céleftre,
    Li cuens Aufons i doit bien eftre.
    Tant ot en fon cuer de pitié,
90 De charitei & d'amiftié
    Que n'uns ne l' vos porroit retraire.
    Qui porroit toutes ces mours traire
    El cuer à .i. riche jone home,
    Hon en feroit bien .i. preudome.
95 Boens fu au boens & boens confors,
    Maus au mauvais & terriés [1] fors,
    Qu'il lor rendoit cens demorance
    Lonc [2] le péchié la pénitance ;

1. Ce mot signifie ici non pas : seigneur *terrier*, c'est-à-dire qui a beaucoup de terres, mais : seigneur qui est juge d'un *territoire*. La phrase de Rutebeuf doit donc être traduite par *fort justicier*. C'est dans le même sens qu'on lit au vers 330e de la *Bible Guiot* :

> Li quens Philippes qui refu,
> Diex, quel TERRIER ! Diex, quel efcu !

Ce mot est pris encore dans le même sens par Rutebeuf, au 9e vers, 3e strophe, de la *Complainte ou conte Huede de Nevers*, qui suit celle-ci.

2. *Lonc*, selon : *secundum*.

Et il le connurent si bien
100 C'onques ne li meffirent rien.

Dieux le tanta par maintes fois
Por connoiftre queiz eft fa fois;
Si connoift-il & cuer & cors
Et par dedens & par defors.
105 Job le trouva en paciance
Et faint Abraham en fiance;
Ainz n'ot fors maladie ou painne :
S'en dut eftre f'arme plus fainne.
Outre meir fu en fa venue,
110 Où mult fift bien fa convenue
Avec fon boen frère le Roi.
Plus bel hofteil, plus bel aroi
Ne tint princes emprès fon frère.
Ne fift pas honte à fon boen père [1],
115 Ainz montra bien que preudons ière
De foi, de femblanc, de menière.
Or l'a pris Diex en fon voiage
Ou plus haut point de fon aage,
Que f'on, en cefte région,
120 Féift roi par élection
Et roi orendroit i faufift,
Ne fai prince qui le vaufift [2].

1. Louis VIII, qui mourut en 1226, au siége d'Avignon.
2. Voici ce qu'a dit de lui Dom Vaissette dans son *Histoire du Languedoc* : « Alphonse fut un prince

Li vilains dift : « Toft vont noveles.
Voire, les bones & les beles;
125 Mais qui male novele porte,
Tout à tang vient-il à la porte,
Et fi i vient-il toute voie. »
Toft fu féu que en la voie
De Tunes, en fon revenir,
130 Vout Dieux le Conte detenir.
Toft fu féu, & fà & là,
Partout la renomée ala,
Partout en fu faiz li fervizes
En chapeles & en efglizes.
135 Partiz eft li Cuens de ceft fiècle
Qui tant maintint des boens la riègle.
Je di por voir, non pas devin,
Que Tolozain & Poitevin
N'auront jamais meilleur feigneur :
140 Aufi boen l'ont-il & greigneur.
Tant fift li Cuens en ceftui monde
Qu'avec li l'a Diex net & monde.

débonnaire, chaste, pieux, aumônier, juste et équitable. Il ne manquait d'ailleurs ni de valeur ni de fermeté. Il marcha sur les traces du roi, son frère, dans la pratique des vertus chrétiennes. » Ajoutons qu'il étendit ou confirma les priviléges des villes, et sut donner au commerce, dans ses États, une assez grande impulsion. Il entreprit aussi ou favorisa de grands travaux, témoin la construction du pont Saint-Esprit, en 1265, pour laquelle il se montra très-zélé, et qui ne fut terminée, malgré d'incroyables peines et de très-fortes dépenses, qu'en 1309.

Ne croi que priier en conveigne :
Prions-li de nos li foveigne [1].

[1]. Je ne puis m'empêcher de faire remarquer combien est fine et délicate la pensée des deux derniers vers, et comme elle termine bien l'oraison funèbre que vient de faire Rutebeuf.

Explicit.

Ci encoumence

La Complainte ou Conte Huede de Nevers[1].

Ms. 7633.

La mors, qui toz jors ceulz aproie
Qui plus funt de bien faire en voie,
Me fait defcovrir mon corage
Por l'un de ceulz que plus amoie
5 Et que mieux recembleir vodroie
C'oume qui foit de nul langage.
Huedes ot nom, preudome & fage,
Cuens de Nevers au fier corage,
Que la mors a pris en fa proie.
10 C'eftoit la fleurs de fon lignage :
De fa mort eft plus granz damage

---

1. Cette pièce a certainement été composée en 1267, aussitôt que la nouvelle de la mort du comte Eudes, arrivée au mois d'août 1267, un peu avant que la défaite essuyée par les chrétiens, au Carroubier, fût parvenue en Europe. Cette mort fut pleurée en France comme une calamité publique, et Rutebeuf lui consacra la *Complainte* qui nous occupe. Eudes est cité aussi avec éloge dans la *Nouvelle Complainte d'outre-mer*.

Que je dire ne vos porroie.

Mors eft li Cuens! Diex en ait l'âme!
Sainz Jorges & la douce Dame
15 Vuellent prier le fovrain maître
Qu'en cèle joie qui n'entame,
Senz redouteir l'infernal flame,
Mete le boen Conte à fa deftre!
Et il i deit par raifon eftre,
20 Qu'il laiffa fon leu & fon eftre
Por cele glorieuze jame [1]
Qui a nom la joie célefte :
Mieudres de li ne porra neftre,
Mieu efciant, de cors de fame.
25 Li Cuens fu tantoft chevaliers
Com il en fu poinz & meftiers,
Qu'il pot les armes endureir;
Puis ne fu voie ne fentiers
Où il n'alaft mout volentiers
30 Se hom f'i pot aventureir.
Si vos puis bien dire & jureir,
C'il péuft fon droit tenz dureir
C'onques ne fu mieudres terriers [2],
Tant fe féuft amefureir
35 Au boenz & les fauz forjureir,
Auz unz dolz & auz autres fiers.

1. *Jame*, pierre précieuse; *gemma*.
2. Voyez plus haut l'explication de ce mot dans la *Complainte dou Conte de Poitiers*.

Ce pou qu'auz armes fu en vie,
Tuit li boen avoient envie
De lui refambleir de menière;
40 Se Diex n'amaft fa compaignie,
N'éuft pas Acre defgarnie
De fi redoutée banière.
La mors a mis l'afaire arière
D'Acre, dont n'uns meftiers n'en ière :
45 La terre en remaint efbahie;
Ci a mort délireufe & fière,
Que n'uns hom n'en fait bele chière,
Fors cele pute gent haïe.

La terre plainne de noblefce,
50 De charitei & de largefce,
Tant aveiz fait vilainne perte!
Ce morte ne fuft gentilefce,
Et vafelages & proefce,
Vos ne fufiez pas fi déferte.
55 Haï! haï! genz mal aperte!
La porte des cielz eft overte;
Ne reculeiz pas por perefce :
En brief tanz l'a or Diex offerte
Au boen Conte par fa déferte,
60 Qu'il l'a conquife en fa jonefce.

Ne fift mie de fa croix pile [1],

[1]. On sait que les croisés portaient, comme marque de leur engagement à aller combattre en Terre-Sainte, une *croix* d'étoffe sur leurs habits, et que

Si com font fouvent teil .x. mile
Qui la prennent par grant faintize;
Ainz a fait felonc l'Évuangile,
65 Qu'il a maint borc & mainte vile
Laiffié por morir en fervize
Celui Seigneur qui tot juftize.
Et Diex li rent en bele guize
(Ne cuidiez pas que fe foit guile),
70 Qu'il fait granz vertuz à devize:
Bien pert que Diex a f'arme prife
Por mettre en fon roial concile.

Encor fift li Cuens à fa mort,
Qu'avec les plus povres f'amort :
75 Des plus povres vot eftre el conte.
Quant la mort .i. teil home mort,
Que deit qu'ele ne ce remort
De mordre fi toft .i. teil conte?
Car qui la véritei nos conte,
80 Je ne cuit pas que jamais monte
Sor nul cheval fèble ne fort.

les faces de nos anciennes monnaies s'appelaient d'un côté la *croix*, parce que souvent le signe de la rédemption s'y trouvait; de l'autre la *pile*. C'est par allusion au premier et au dernier de ces usages que le poëte écrit que le comte de Nevers n'a pas fait *de sa croix pile*, c'est-à-dire qu'il n'a pas pris la *croix* par amour du pillage, qu'il n'est pas allé à la croisade par amour du gain. (Voyez, pour compléter cette explication, le commencement de la pièce intitulée *Renart le Destourné*.)

N'uns hom qui tant ait doutei honte,
Ne mieulz féuſt que honeurs monte :
N'a ci doleur & defconfort.

85 Li cuers le Conte eſt à Citiaux
Et l'arme lafus en fains ciaux,
Et li cors en giſt outre meir [1].
Ciſt départirs eſt boens & biaux;

1. Ces vers de Rutebeuf, si nous n'avions pas le testament que fit au moment de partir pour Rome, où il allait poursuivre la canonisation de saint Louis, le duc de Nevers, Robert II, nous révéleraient un fait nouveau; mais comme cet acte existe, ils viennent simplement confirmer une des choses qu'il rapporte, et prouver à quel point Rutebeuf poussait l'exactitude dans ses poésies. Voici ce que dit Dom Plancher : « Le duc Robert, par son testament, élit, en 1297, sa sépulture à Cîteaux, au cas qu'il meure deçà de la mer, c'est-à-dire s'il ne meurt pas en la Terre-Sainte, où, selon les apparences, il avait dessein d'aller pour accomplir son vœu, dessein qu'il n'exécuta pas...; et s'il meurt au-delà de la mer, il veut être enterré au cimetière de Saint-Nicolas d'Acre, auprès de son frère aîné Eudes, comte de Nevers, et que son cœur soit apporté à Cîteaux, et mis avec celui du même Eudes. *Par là il nous apprend encore une circonstance qu'on ignorait,* savoir que le cœur du prince Eudes, son frère, avait été apporté à Cîteaux. » J'ajouterai que l'abbaye de Cîteaux, qui a fourni à l'Église quatre papes, plusieurs archevêques et un grand nombre d'évêques, était la sépulture ordinaire des ducs de Nevers, ainsi que celle des seigneurs de Vergi, du mont Saint-Jean de Vienne, etc. Elle était située dans le diocèse de Chalon-sur-Saône. »

Ci a trois précieulz joiaux,
90 Que tuit li boen doivent ameir :
Lafus elz cielz fait boen femeir,
N'eftuet pas la terre femreir
Ne ne c'i puet repaitre oiziaux.
Quant por Dieu fe fift entameir,
95 Que porra Diex for li clameir,
Quant il jugera boens & maux ?

Ha ! cuens JEHAN [1] ! biau très dolz fire !
De vos puiffe hon tant de bien dire
Com hon puet dou conte HUEDE faire,
100 Qu'en lui a fi bele matyre
Que Diex c'en puet joer & rire
Et fainz paradix c'en refclaire !
A iteil fin fait-il bon traire
Que hon n'en puet nul mal retraire !
105 Teil vie fait-il boen eflire !
Doulz & pitouz & débonaire

[1]. Jean, fils de saint Louis, né à Damiette, durant la captivité du roi, en 1250, et qui avait reçu le nom de Tristan, à cause des malheureuses circonstances dans lesquelles il était venu au monde. Ce prince avait épousé, par traité du mois de mai 1266, Yolande, fille aînée d'Eudes de Bourgogne et de Mahaut II (voyez la note du titre de cette complainte), auxquels il succéda dans le comté de Nevers. Il fit, en 1268, hommage de la terre des Riceis, qu'il tenait de sa femme, à l'évêque de Chalon-sur-Saône, et mourut, le 3 août 1270, devant Tunis, où il avait accompagné le roi son père.

Le trovoit-hon en toz afaires :
Sages eſt qu'en ces faiz ce mire.

Meſire ERART[1], Diex vos maintiegne
110. Et en bone vie vos tiegne,
Qu'il eſt bien meſtiers en la terre !
Que c'il avient que toſt vos preigne,
Je dout li païs ne remeigne
En grant doleur & en grant guerre.
115 Com li cuers el ventre vos ſerre,
Quant Diex a mis ſitoſt en ſerre
Lou Conte à la doutée enſeigne !
Où porroiz teil compaignon querre ?
En France ne en Aingleterre
120 Ne cuit pas c'om le vos enſeigne.

Ha ! Rois de France ! Rois de France !
Acre eſt toute jor en balance :
Secoreiz-la, qu'il eſt meſtiers !
Serveiz Dieu de voſtre ſuſtance :
125 Ne faites plus ci remenance,
Ne vos ne li cuens de Poitiers.
Diex vos i verra volentiers,
Car toz eſt herbuz li ſentiers
C'on ſuet batre por pénitance.
130 Qu'à Dieu fera amis entiers,
Voit deſtorbeir ces charpentiers

---

1. Voyez, pour Erart de Valéry, la *Complainte du Roi de Navarre*, vers la fin.

Qui deftorbent noftre créance

Chevalier, que faites vos ci?
Cuens de Blois, fire de Couci,
135 Cuens de Saint-Pol fiz au boen HUE[1]?
Bien aveiz avant les cors ci.
Coument querreiz à Dieu merci,
Se la mors en voz liz voz tue?
Vos véeiz la terre abfolue[2]
140 Qui à voz tenz nos ert tolue,
Dont j'ai le cuer trifte & marri.
La mors ne fait nule attendue,
Ainz fiert à maffue eftandue :
Toft fait nuit de jor efclarci.

145 Tornoieur, vos, qu'atendeiz,
Qui la terre ne deffendeiz
Qui eft à voftre Créatour?
Vos aveiz bien les yex bandeiz
Quant ver Dieu ne vos deffendeiz
150 N'en vos ne meteiz nul atour!
Pou douteiz la parfonde tour

---

1. Le comte de Blois est Jean, fils de Hugues de Châtillon et de Marie de Blois; — le sire de Coucy est Enguerrand IV, qui succéda, en 1250, à son frère Raoul II; — le comte de Saint-Pol est Gui, fils de Hue, qui fit, en 1270, le voyage d'outre-mer avec le roi, à la tête de trente chevaliers. Il mourut en 1289.

2. La *terre absolue*, la Terre-Sainte. En vieux français, on désigne le Jeudi-Saint sous le nom de *jeudi absolu*.

Dont li prifon n'ont nul rétour[1],
Où par parefce defcendeiz.
Ci n'a plus ne guanche ne tour :
155 Quant la mors vos va fi entour,
A Dieu cors & arme rendeiz.

Quant la tefte eft bien avinée,
Au feu, deleiz la cheminée,
Si nos croizons de plain eflaiz;
160 Et quant vient à la matinée,
Si eft en cette voie finée.
Teil coutume a & clers & lais,
Et quant il muert & fait fon lais,
Si lait fales, maifons, palais
165 A doleur, à fort deftinée.
Lai f'en va où n'a nul relais :
De l'avoir r'eft-il bone pais
Quant gift mors defus l'échinée!

Or prions au Roi glorieux
170 Qui par fon fanc efprécieulz
Nos ofta de deftrucion,
Qu'en fon règne délicieuz,
Qui tant eft doulz & gracieuz,
Faciens[2] la noftre manfion,

---

1. Ce vers n'est-il pas l'équivalent, en vieux français, de la belle inscription du Dante :

Lasciate ogni speranza?

2. *Faciens* pour *faffions*.

175 Et que par grant dévocion
    Ailliens¹ en cele région
    Où Diex soffri la mort crueulz.
    Qui lait en teil confusion
    La terre de promission,
180 Pou est de s'arme curieulz.

1. *Ailliens* pour *allions*.

Explicit.

De Mesire Gefroy de Sargines [1]

Où ci encoumence

La Complainte de M^{sr} Joffroi de Sergines.

Mss. 7218, 7615, 7633.

Qui de loial cuer & de fin
Finement jusques en la fin
A Dieu servir defineroit,
Qui son tens i afineroit
Finement devroit definer

---

1. D'après M. Paulin Paris, cette pièce pourrait remonter à 1253, époque où, selon notre poëte, Sergines résidait à Jusphes (Jaffa), que le roi, en sortant de sa captivité, l'avait chargé de défendre contre les Sarrazins. Mais, est-ce bien de Jaffa dont il s'agit et non d'Acre? — Un trouvère n'est pas un historien, ni surtout un chroniqueur. Or, voici ce que nous lisons dans les *Annales de saint Louis*, par Guillaume de Nangis. « Au temps que li bons roy demeuroit à Sayette, viendray messages & lettres qui disoient que puisque sa très chière mère la Royne Blanche fu morte & trespassés de cest siècle grant péril apparut & povoit apparoir au royaume de France par devers Angleterre & devers Alemaigne, se il ne retornoit en France prochainement. Quant li Roys entendit ce, si prit conseil à ses barons & aux prélas qui estoient

Et de légier ver Dieu finer.
Qui le fert de penfée fine
Cortoifement en la fin fine,
Et por ce fe font rendu maint
10 Qu'envers celui qui lafus maint
Puiffent finer cortoifement.
S'en vont li cors honteufement,.
Ce di-je por relegieus,

avecques lui, fi que il s'accordèrent & donnèrent confeil au Roy que il retournât en France. Au confeil fe confenti li Roys, & laiffa ave le cardinal grant plenté de chevaliers à fes propres defpens pour le fecours de la Terre-Sainte. Il eftabli en la cité d'Acre *un sien preu chevalier, et hardi aux armes*, en fon lieu que on appeloit Gefroy de Sergines, & comanda que tout li obéiffent comme à feigneur. Lequels Gefroy fe contint moult loyalement & moult fagement jufques à tant que il trefpaffa de ceft fiècle. »

La continuation de Guillaume de Tyr confirme ce fait de la manière suivante : « Après le jor de faint Marc, mut le Roi & la Roïne d'Acre & fa gent, por aler outre-mer & laiffa à monfeigneur Gieffroi de Sergines, fenefchal du roiaume, cent chevaliers por le roiaume de Surie garder. » Le même venait nous apprendre que le 14 et le 15 avril 1253, Boudocdar « corut jufques as portes d'Acre, dont la cité fut en grant péril & i fu navré (bleffé), libaillis, mefires Giefroi de Sergines, & mult d'autres chevaliers & ferjans, dont plufors en morurent. »

Geoffroy ds Sargines avait débarqué l'un des premiers en Terre-Sainte, comme nous le voyons au tome II d'un Ms. de la Bibl. imp. (Fonds Berthereau. n° 9), lequel s'exprime ainsi : « Li roys entra en un coche de Normandie & fift entrer en la barge de Gautier monfeigneur Jehans de Biaumont, Mathieu de

Que chafcuns d'els n'eft pas prieus,
15 Et li autres r'ont geté fors
Le preu des âmes por le cors,
Qui riens plus ne vuelent conquerre,
Fors le cors honorer for terre.
Iffi eft partie la riègle
20 De cels d'ordre & de cels du fiècle;
Mès qui porroit en lui avoir

Marli & Gefroi de Sargines, & fift mettre le confanon Mgr Saint-Denis avec eulx. Cele barge aloit devant & tout li autre vaiffel allèrent après & fuivent le goufanon. »

Joinville aussi parle souvent de Geoffroy de Sargines. Il le nomme parmi les *huit bons chevaliers* qui accompagnoient le Roi *& qui avoient eu pris d'armes deçà mer & delà*; il nous le montre avant que le Roi fût pris, « *le deffendant des Sarrafins aufi come le bon valet dêffent le hanap de fon feigneur des mouches;* car toutes les fois que les Sarrazins approchoient du Roy, qui eftoit monté fur un petit roncin, il prenoit fon efpée que il avoit mis entre li & l'arçon de la felle, & le mettoit deffous l'effèle, & leur recouroit fus & les chaffoit en fus le Roy. »

Ce fut lui aussi *qui alla, au beau soleil levant,* faire rendre, selon les conventions, *Damiette aus amiraus du Soudan.*

Je terminerai cette note, déjà trop longue, par ce passage des continuateurs de *Guillaume de Tyr,* qui prouve qu'ils avaient, comme les trouvères, d'assez singulières idées en fait de géographie : « A MCCLIX, fur un grant crole en Hermenie (Arménie), qui fondi un chaftiaus & trois abbaïes d'Ermins & bien XII cafiaus, & morut Giefroi de Sargines, à XI jors d'avril. »

Tant de proèce & de favoir
Que l'âme fuſt & nete & monde
Et li cors honorez el monde,
25 Ci auroit trop bel avantage;
Mès de cels n'en fai-je c'un fage,
Et cil eſt plains des Dieu doctrines.
Meſires Giefroiz de Surgines
A non li preudom que je nomme,
30 Et fi le tiennent à preudomme
Empereor & roi & coñte
Aſſez plus que je ne vous conte.
Toz autres ne pris .ij. eſpèches
Envers lui, quar ſes bones tèches
35 Font bien partout à reprouchier [1].
De ſes tèches vous vueil touchier
.J. pou felonc ce que j'en fai;
Quar qui me metroit à l'eſſai
De changier âme por la moie,
40 Et je à l'eſlire venoie,
De toz cels qui orendroit vivent,
Qui por lor âme au fiècle eſtrivent,
Tant quièrent pain treſtoz deſchaus [2]
Par les granz frois & par les chaus,
45 Ou veſtent haire, ou çaignent corde,
Ou plus facent que ne recorde,
Si penroie ainz l'âme de lui
Plus toſt, je cuit, que la nului.

1. Ms. 7615. A citer comme exemple.
2. Allusion aux Carmes *déchaussés*, ou *déchaux*.

D'endroit du cors, vous puis-je dire
50 Que qui me meſtroit à l'eſlire
L'un des bons chevaliers de France
Ou du roiaume, à ma créance,
Jà autre de lui n'eſliroie.
Je ne ſai que plus vous diroie,
55 Tant eſt preudom., ſi com moi ſanble,
Qui a ces .ij. choſes enſanble,
Valor de cors & bonté d'âme.
Garant li ſoit la douce Dame,
Quant l'arme du cors partira,
60 Qu'ele ſache quel part ira,
Et le cors ait en ſa baillie,
Et le maintiengne en bone vie !
Quant il eſtoit en ceſt païs
(Que ne ſoie por fols naïs
65 De ce que je le lo tenuz),
N'i eſtoit jone ne chenuz
Qui tant péuſt des armes fère.
Douz & cortois & débonère
Le trovoit-l'en en ſon oſtel ;
70 Mès aus armes autre que tel
Le trovaſt li ſiens anemis
Puis qu'il ſi fuſt meſlez & mis.
Mult amoit Dieu & ſainte Ygliſe ;
Si ne vouſiſt en nule guiſe
75 Envers nului foible ne fort,
A ſon pooir meſprendre à tort.
Ses povres voiſins ama bien :
Volentiers lor donoit du ſien,

Et si donoit en tel manière
80 Que miex valoit la bele chière
Qu'il fesoit au doner le don.
Que li dons. Icil bons preudom,
Preudomme crut & honora,
N'ainz entor lui ne demora
85 Faus losengier puis qu'il le sot;
Quar qui ce fet, je l' tieng à sot.
Ne fu mesliz, ne mesdisanz,
Ne vanterres, ne despisanz.
Ainz que j'éusse raconté
90 Sa grant valor ne sa bonté,
Sa cortoisie ne son sens,
Torneroit à anui, ce pens.
Son seignor lige tint tant chier [1]
Qu'il ala avoec li vengier
95 La honte Dieu outre la mer :
Tel preudomme doit l'en amer.
Avoec le roi demora là,
Avoec le roi mut & ala,

---

1. Les seigneurs de Sargines n'avaient pas toujours été hommes liges de la couronne. Un document que j'ai trouvé au *Trésor des Chartes* (carton J., n° 174), et qui est le seul antérieur aux croisades de saint Louis que j'aie rencontré sur Geoffroi de Sargines, nous prouve ce fait : c'est une lettre de Hugues de Châtillon, comte de Saint-Pol et de Blois, par laquelle celui-ci octroie à Geoffroi de Sargines, chevalier, son homme lige, la faculté de pouvoir le devenir du roi, de préférence à lui-même et à tous autres. Cet acte est du mois de juin 1236.

Avoec le roi prift bien & mal :
100 L'en n'a pas toz jors tens igal.
Ainz por paine ne por dolor [1]
Ne corouça fon Sauvéor :
Tout prift en gré quanqu'il fouffri ;
L'âme & le cors à Dieu offri.
105 Ses confeus fu bons & entiers
Tant comme il fu poins & meftiers,
Ne ne chanja por efmaier.
De légier devra Dieu paier,
Quar il le paie chafcun jor.
110 A Jafphes, où il fet féjor [2],
Se il eft jor de guerroier,
Là veut-il fon tens emploier :
Félon voifin & envieus,
Et cruel & contralieus [3]
115 Le truevent la gent farrafine,
Quar de guerroier ne les fine.
Sovent lor fet grant envaïe,
Que fa demeure i eft haïe.
Dès or croi-je bien ceft latin :
120 *Mal voifin done mal matin.*
Son cors lor préfente fovent ;
Mès il a trop petit covent.
Se petiz eft, petit f'efmaie,
Quar li paierres qui bien paie
125 Les puet bien fanz doute paier,

1. Ms. 7633. Var. Por paour.
2. Jafphes, Jaffa.
3. Ms, 7615. Var. Et félon et Mirabileus.

Que nus ne fe doit efmaier
Qu'il n'ait corone de martir
Quant du fiècle devra ¹ partir;
Et une riens les reconforte,
130 Que puis qu'il font fors de la porte
Et il ont monfeignor Giefroi,
Nus d'els n'ert jà puis en effroi,
Ainz vaut li uns au befoin .iiij.;
Mès fanz lui ne f'ofent combatre.
135 Par lui jouftent, par lui guerroient;
Jamès fanz lui ne fe verroient
En bataille ne en eftor,
Qu'il font de lui chaftel & tor.
A lui f'afenent & ralient,
140 Quar c'eft lor eftandart, ce dient.
C'eft cil qui du champ ne fe meut;
El champ le puet trover qui veut :
Ne jà por fais que il fouftiengne
Ne partira de la befoingne,
145 Quar il fet bien, de l'autre part,
Se de fa partie fe part,
Ne puet eftre que fa partie
Ne foit toft fanz lui départie.
Sovent affaut & va en proie
150 Sor cele gent qui Dieu ne proie,
Ne aime, ne fert, ne aeure,
Si com cil qui ne garde l'eure
Que Diex en face fon voloir.

1. M. 7015. Var. Vorra.

Por Dieu fet mult son cors doloir :
155 Issi sueffre sa pénitance,
De mort chascun jor en balance.
Or prions donques à celui
Qui refuser ne set nului
Qui le veut prier & amer,
160 Qui por nous ot le mors amer
De la mort vilaine & amère,
En cele garde qu'il sa mère
Commanda à l'évangelistre
Son droit mestre & son droit menistre,
165 Le cors à cel preudomme gart
Et l'âme reçoive à sa part.

Amen.

Explicit de Monseignor Giefroi de Surgines.

De Maistre Guillaume de Saint-Amour,
Ou ci encoumence
Li Diz du Maitre Guillaume de Saint-Amour, coument il fut escilliez[1].

Mss. 7615, 7218, 7633.

Diez, prélat & prince & roi,
La desreson & le desroi
C'on a fet à mestre GUILLAUME[2] :
L'en l'a banni de cest roiaume ;

1. Cette pièce fut écrite, selon toute probalité, en 1256 ou en 1257, et il y a en elle, selon moi, de la part de Rutebeuf, quelque chose du courage que La Fontaine déploya pour Fouquet.

2. Guillaume de Saint-Amour est l'auteur du livre intitulé : *Du Péril des derniers temps*, qui fut condamné à Rome et qui fui valut d'être exilé de France. Plus tard, son retour à Paris fut un véritable triomphe, assez pareil à celui de Voltaire. Il mourut en 1270, selon les uns ; en 1272, selon les autres, ayant eu l'honneur d'avoir pour adversaires Albert-le-Grand, saint Thomas d'Aquin et saint Bonaventure, qui écrivirent contre lui divers traités. Toutefois, si ce que dit l'*Histoire des controverses ecclésiastiques* est vrai, la dernière des dates que nous venons de citer serait seule exacte. Voici, en effet, ce qu'écrit Ellies-du-Pin :
« L'année de la mort de Guillaume de Saint-Amour n'a été marquée par aucun auteur; mais son épitaphe,

5 A tel tort[1] ne morut mès hom.
 Qui efcille homme fanz refon,
 Je di que Diex qui vit & règne
 Le doit efcillier de fon règne.
 Qui droit refufe, guerre quiert;
10 Et meftre Guillaume requiert
 Droit & refon fanz guerre avoir.
 Prélat, je vous faz afavoir
 Que tuit en eftes avillié.
 Meftre Guillaume ont efcillié

qui est dans l'église de Saint-Amour, dans le comté de Bourgogne, où il a été enterré, nous apprend qu'il mourut l'an 1272, et le livre obituaire de l'église de Mâcon, que c'est le 13 de septembre. »

M. Paulin Paris dit, en parlant de cet incident du XIIIe siècle : « Rutebeuf s'attacha, dans la mêlée, au drapeau de Guillaume de Saint-Amour, et telle fut l'ardeur de son zèle, qu'on ne peut guère s'empêcher de l'attribuer aux inspirations d'une amitié particulière. Dès lors, Rutebeuf n'est plus un jongleur assez dépourvu de dignité pour concourir aux divertissements de la populace : c'est un vigoureux antagoniste des doctrines les plus respectées des hommes dont on tremblait le plus d'affronter la haine et la vengeance. »

On ne saurait aujourd'hui se faire une idée de l'importance du rôle que joua Guillaume de Saint-Amour à son époque. La Sorbonne, l'Université, la Cour, les Ordres et même la Cour de Rome, il occupa tout. Rappelons l'effet que produisit en France et à l'étranger, il y a quarante ans, le livre de M. de Lamennais sur l'*Indifférence en matière de religion*. Ce fut à peu près la même impression, non moins universelle, non moins profonde.

1. Ms. 7615. Var. A tel mort.

15 Ou li rois ou li apoſtoles [1] :
Or, vous dirai à briez paroles
Que ſe l'apoſtoiles de Romme
Puet eſcillier d'autrui terre homme,
Li ſires n'a nient en ſa terre,
20 Qui la vérité veut enquerre.
Se li Rois dit en tel manière,
Qu'eſcillié l'ait par la prièze
Qu'il ot de la pape ALIXANDRE [2],
Ci poez novel droit aprendre [3] ;
25 Mès je ne ſai comment a non,
Qu'il n'eſt en droit [4] ne en canon ;
Car rois ne ſe doit pas meſfère
Por choſe [5] c'on li ſache fère.

1. Une chose bien singulière, c'est que, dans la bulle du pape qui bannit Guillaume de Saint-Amour, il est dit que le roi lui-même avait demandé l'exil de ce docteur. Crevier (*Histoire de l'Université*) fait, sur ce point, les réflexions suivantes : « Si saint Louis, pour éloigner de ses États un docteur qui n'était pas même né son sujet, croyait avoir besoin de l'autorité du pape, il fallait, ce qui n'est pas probable, qu'il eût bien oublié la mesure et l'étendue de son pouvoir. D'un autre côté, si le fait n'était pas vrai, on aurait grand lieu de s'étonner que le pape en prît, en quelque façon, le roi lui-même à témoin. Je laisse cette difficulté à examiner à d'autres. » On voit, par les vers de Rutebeuf, que du temps de saint Louis même, on examinait déjà cette difficulté.

2. Alexandre IV, élu en 1254, mort en 1261.
3. Ms. 7615. VAR. Entendre.
4. Ms. 7633. VAR. Loi.
5. Mss. 7615, 7633. VAR. Por prier.

Se li Rois dist qu'escillié l'ait,
30 Ci a tort & péchié & lait,
Qu'il n'afiert à roi ne à conte,
S'il entent que droiture monte,
Qu'il escille homme, c'on ne voie
Que par droit escillier le doie;
35 Et se il autrement le fet,
Sachiez, de voir, qu'il se meffet.
Se cil devant Dieu li demande,
Je ne respont pas de l'amande.
Li sans ABEL requist justise
40 Quant la persone fu ocise.
Por ce que vous véez à plain
Que je n'ai pas tort, si le plain;
Et que ce soit sanz jugement
Qu'il sueffre cest escillement,
45 Je le vous monstre à iex voians.
Ou droiz est tors & voirs noians.

    Bien avez oï la descorde [1]
    (Ne covient pas que la recorde)
    Qui a duré tant longuement
    (.Vij. ans tos plains entirement)
50 Entre la gent Saint-Dominique
    Et cels qui lisent de logique [2].

1. Voyez plus loin les pièces relatives aux ordres religieux et à l'Université.
2. Je ne puis laisser passer ce mot sans l'accompagner d'une explication, qui me paraît fort importante. L'enseignement de la logique dans les écoles, opéré par suite de l'engouement du XIIe siècle pour Aristote,

Affez i ot *pro & contrà* :
L'uns l'autre fovent encontra,

ut une chose bien fatale pour les études littéraires, et qui retarda leurs progrès. Auparavant, l'enseignement comprenait ce qu'on appelait *les sept arts*, savoir : la musique, la rhétorique, l'astronomie, l'arithmétique, la géométrie, la théologie et la grammaire. Dans cet ordre d'études, divisé en deux parties, dont l'une s'appelait *trivium* et l'autre *quadrivium*, rentrait la lecture des principaux auteurs de l'antiquité, et surtout d'Homère, de Virgile, de Cicéron. On peut s'en convaincre en parcourant les écrits d'Abeilard, de Jean de Salisbury, et surtout le *Verbum abbreviatum* de Pierre-le-Chantre. Il paraît même qu'on abusait quelquefois de cette érudition, puisque nous la retrouvons dans les sermons, et que Bernard de Chartres disait plaisamment, en faisant allusion à cette manie de citer les anciens auteurs, « que les savants de son temps étaient comme des nains montés sur les épaules de géants, afin de voir plus loin qu'eux au moyen de ces secours empruntés. » Mais du moment que la secte des *cornificiens* (ainsi nommée par allusion au poëte Cornificius, qui critiqua Virgile) eut attaqué ce mode d'enseignement, on l'abandonna peu à peu, et au XIIIe siècle *les sept arts* étaient complétement délaissés par la *logique* ou *philosophie*. Je me trompe : on enseigna bien encore la grammaire, mais elle ne consista plus qu'à expliquer Priscien, grammairien du VIe siècle. Paris surtout se jeta à corps perdu dans ce mouvement, qui, joint à la théologie scolastique et aux disputes religieuses, fit reculer les belles-lettres à grands pas vers la barbarie. Heureusement que toutes les écoles du royaume n'approuvèrent pas ce changement. Les maîtres d'Orléans, entres autres, résistèrent, et développèrent même davantage l'étude de la grammaire. Il nous est resté de cette dissension un monu-

Alant & venant à la cort.
55 Li droit aus clers furent la cort,
Quar cil i firent lor voloir,
Cui qu'en déuſt le cuer doloir,
D'eſcommenier & d'aſſaudre;
Cui blez ne faut, ſovent puet maudre.

60 Li prélat ſorent cele guerre :
Si commencièrent à requerre
L'univerſité & les frères
Qui ſont de plus de .iiij. mères,
Qu'il lor leſſaiſſent la pais fère.
65 Et guerre ſi doit mult deſplère
A gent qui pais & foi ſermonent
Et qui les bons examples donent,
Par parole & par fet enſamble.
Si comme à lor oevre me ſamble,
70 Il ſ'acordèrent à la pès,
Sanz commencier guerre jamès[1] :

ment fort curieux : c'eſt le fabliau intitulé la *Bataille des ſept arts*, dont Legrand d'Auſſy a donné un aperçu dans le tome V^e des Notices de Mſſ., pages 496-512, et qu'on trouve tout entier dans la collection de *Fabliaux* que j'ai imprimée. (Paris, 2 vol.)

1. Ceci eſt une alluſion à l'accord que firent, en 1256, l'Univerſité et les ordres, par l'entremiſe des prélats, dans un concile tenu à Paris et préſidé par l'archevêque de Sens. Dans ce concile, on nomma pour arbitres quatre archevêques, ſavoir : Philippe de Bourges, Thomas de Reims, Henri de Sens, Eudes de Rouen. La ſentence qu'ils portèrent ſembla ſatis-

Ce fu fiancié à tenir
Et seelé por souvenir.
Mestre Guillaume au roi vint,
75 Là où des gens ot plus de .xx.
Si dist : » Sire, nous sons en mise
Par le dit & par la devise
Que li prélat deviseront :
Ne sai se cil la briseront. »
80 Li rois jura : « En non de mi [1] !
Il m'auront tout à anemi
S'ils la brisent; sachiez sans faille :
Je n'ai cure de lor bataille ! »
Li mestres parti du palais [2],

faire tout le monde, excepté le pape, qui la cassa par trois bulles données coup sur coup, sans même prendre soin de la faire examiner.

1. Dans la *Complainte du conte de Poitiers*, nous trouvons que le serment de ce prince était : « *Par sainte Garie !* » Voici à présent celui de saint Louis. L'assertion de Rutebeuf est d'autant plus exacte, qu'elle est confirmée par le passage suivant des *Chroniques de Saint-Denys* : « Espéciaument le Roy se tenoit de jurer en quelque manière que ce fust ; & quand il juroit, si disoit-il : *Au nom de moy* ; mais un frère mineur l'en reprist, si s'en garda de tout en tout. » La chronique de Reims nous apprend également que le serment de Philippe-Auguste était : « *Par la lance saint Fouques !* »

2. On ne trouve nulle part, dans les chroniqueurs contemporains, mention de ces faits minutieux ; mais la visite de Guillaume de Saint-Amour au roi, ses paroles à ce prince, et celles que lui répondit Louis IX, n'ont rien que de vraisemblable.

85 Où assez ot & clers & lais,
 Sanz ce que puis ne messéist ;
 Ne la pais pas ne desséist,
 Si l'escilla sanz plus véoir.
 Doit cis escillemenz séoir ?
90 Nenil, qui à droit jugeroit,
 Qui droiture & s'âme ameroit.

 S'or fesoit li rois une chose
 Que mestre Guillaume propose
 A fère, voir ce que il conte,
95 Que l'oïssent & roi & conte,
 Et prince & prélat tout ensamble [1],
 S'il dit riens que vérité samble,
 Se l' face l'en, ou autrement
 Mainte âme ira à dampnement ;
100 S'il dit chose qui face à tère,
 A enmurer ou à dessère,
 Mestre Guillaume du tout s'offre
 Et otrie s'il ne se sueffre.

 Ne dites pas que ce requière
105 Por venir el roiaume arrière [2] ;

1. C'est peut-être pour éviter de voir accepter des propositions semblables, que Guillaume faisait probablement par écrit du fond de son exil, que le pape défendit, *sous peine d'excommunication*, qu'on reçût des lettres de ce docteur ou qu'on lui en adressât.

2. Guillaume était alors retiré dans sa ville natale de Saint-Amour, province qui ne faisait point alors partie du royaume de France, mais qui avait ses

Mès s'il dit riens qu'aus âmes vaille,
Quant il aura dist si s'en aille ;
Et vous aiez sor sa requeste
Conscience pure & honeste.
110 Et vous tuit qui le dit oez,
Quant Diex se monsterra cloez
Que c'ert au jor du grant juise,
Por lui demandera justise.
Et vous, sor ce que je raconte,
115 Si en aurez paor & honte.
Endroit de moi vous puis-je dire,
Je ne redout pas le martire
De la mort, d'où qu'ele me viègne,
120 S'èle me vient por tel besoingne [1].

comtes particuliers relevant de l'empire. Il ne rentra à Paris qu'en 1260.

1. On voit que notre poëte était, du moins en paroles, un digne et ferme soutien des idées et des intérêts universitaires, et il me semble que la fermeté de ses derniers vers, qui ne manquent pas de courage, relèvent à la fois sa dignité et son caractère.

Explicit
de Mestre Guillaume de Saint-Amour.

De Maistre Guillaume de Saint-Amour,

Ou ci encoumence

La Complainte Maître Guillaume de Saint-Amour [1].

Mss. 7218, 7615, 7633.

ous qui alez parmi la voie,
« Arrestez-vous, & chascuns voie
« S'il est dolor tel com la moie, »
  Dist sainte Yglise.
5 « Je suis sor ferme pierre assise ;
 « La pierre esgrume & fent & brise,
  « Et je chancèle.
 « Tel gent se font de ma querele
 « Qui me metent en la berele [2] ;

---

1. Cette pièce doit être du même temps que la précédente ; mais elle n'a pas tout à fait le même caractère. Elle se tient dans un thème plus général, plus vague, et n'aborde pas les sujets aussi carrément que l'autre. Il est vrai que, dans cette dernière, le trouvère se met lui-même en scène, à la hauteur des personnages dont il parle, et qu'il ne craint pas d'attaquer le roi et les prélats, au nom de la justice et de l'opinion publique.

2. *Berele*, dispute, contestation, querelle; en bas latin *berellus*.

10   « Les miens ocient
       « Sanz ce que pas ne me deffient,
       « Ainz font à moi, fi comme il dient,
          « Por miex confondre.
       « Por ce font-il ma gent repondre,
15   « Que nus à els n'ofe refpondre,
          « Ne mès que fire.
       « Affez puéent chanter & lire,
       « Mès mult a entre fère & dire;
          « C'eft la nature.
20   « Li diz eft douz & l'uevre dure :
       « N'eft pas tout or quanqu'on voit luire.
          « Ahi! ahi!
       « Com font li mien mort & trahi
       « Et por la vérité haï
25   « Sanz jugement!
       « Ou cil qui à droit juge ment,
       « Ou il en auront vengement,
          « Combien qu'il tart;
       « Com plus couve li feus, plus art.
30   « Li mien font tenu por mufart,
          « Et je l' compère :
       « Pris ont Céfar, pris ont Saint-Père,
       « Et f'ont emprifoné mon père
          « Dedenz fa terre [1]
35   « Cil ne le vont guères requerre
       « Por qui il commença la guerre

---

1. Allusion à l'exil de Guillaume de Saint-Amour, retiré dans son pays.

« C'on n'es perçoive :
« N'eſt mès nus qui le ramentoive ;
« S'il fiſt folie, ſi la boive.
    « Hé ! arcien !
« Décretiſtre, fiſicien,
« Et vous la gent Juſtinien
« Et autre preudomme ancien,
« Comment ſouffrez en tel lien
    « Meſtre Guillaume
« Qui por moi fiſt de teſte hiaume ?
« Or eſt fors mis de ceſt roiaume
    « Li bons preudom
« Qui miſt cors & vie à bandon !
« Fet l'avez Chaſtel-Landon [1].

1. C'est-à-dire : Vous vous êtes moqués de lui. — Les habitants de *Château-Landon* passaient, en effet, pour être très-satiriques. On retrouve ce proverbe : *La Moquerie de Château-Landon,* parmi ceux qui composent la pièce intitulée : *De l'Apostoile,* et qu'a publiés et commentés M. Crapelet (Paris, 1831, grand in-8º). On lit également dans les *Miracles de sainte Geneviève* (voyez mon édition de ce mystère dans mon premier volume des *Mystères inédits du* XVe *siècle,* page 263), à propos d'un certain Tiébault, grand faiseur de mauvaises plaisanteries :

> Il fut né à Chaſteau-Landon,
> Sire, pour Dieu ne vous deſplaiſe ;
> Jamais il ne dormiroit aiſe
> S'il ne moquoit : c'eſt ſa nature.

On trouve encore, dans le recueil des *Contes populaires, traditions, croyances superstitieuses, proverbes, et dictons applicables à des villes de la Lorraine,* réu-

« La moquerie
« Me vendez, par sainte Marie
« J'en doit plorer, qui que s'en rie;
« Je n'en puis mais.
55 « Se vous estes bien & en pais,
« Bien puet passer avril & mays.
« S'il en carcha por moi tel fais,
« Je li enorte
« Que jus le mete où il le porte,
60 « Que jà n'est nus qui l'en déporte,
« Ainz i morrà,
« Et li afères demorra.
« Face du miex que il porra,
« Je n'i voit plus;
65 « Por voir dire l'a l'en conclus.
« Or est en son païs reclus,
« A Saint-Amor,
« Et nus ne fet por lui clamor.
« Or i puet fère lonc demor,
70 « Que je li lais,
« Quar vérité a fet son lais

nis par M. Richard, bibliothécaire de Remiremont, le proverbe suivant, rimé ou à peu près :

Châtean-Landon, petite ville, mais de grand renom :
Personne n'y passe qui n'ait son lardon.

Du reste, la plupart du temps, au moyen-âge, les villes comme les personnes avaient chacune un sobriquet. C'est ainsi qu'on disait : *les moqueors de Dijon, li buveors d'Aucerre, li jureor de Baeix, li larron de Mascon*, etc.

« Ne l'ofe dire clers ne lais :
« Morte eft Pitiez,
« Et Charitez & Amiftiez ;
75 « Fors du règne les ont getiez
« Ypocrifie,
« Et Vaine-Gloire & Tricherie,
« Et Faus-Samblant & dame Envie [1]
« Qui tout enflame.
80 « Savez porqoi ? Chafcune eft dame,
« C'on doute plus le cors que l'âme ;
« Et d'autre part,
« Nus clers à provende ne part,
« N'à dignité que l'en départ,
85 « S'il n'eft des lor.
« Faus-Samblant & Morte-Color
« Emporte tout ; a ci dolor
« Et grant contrère.
« Li douz, li franz, li débonère,
90 « Cui l'en foloit toz les biens fère,
« Sont en efpace ;
« Et cil qui ont fauce la face,
« Qui font de la devine grâce
« Plain par defors,
95 « Cil auront Dieu & les tréfors
« Qui de toz maus gardent les cors.
« Sachiez, de voir,

---

1. On voit ici percer ce goût pour l'allégorie, dont le *Fablel du dieu d'amours*, que j'ai publié, est le *nec plus ultrà*, et qui tint plus tard une si grande place dans notre littérature avec le *Roman de la Rose*.

« Mult a fainte chofe en avoir
« Quant tel gent la vuelent avoir,
100 « Qui fanz doutance
« Ne feroient por toute France
« Jufqu'au remors de confciance.
« Mès de celui
« Me plaing qui ne trueve nului,
105 « Tant ait efté amez de lui,
« Qui le requière.
« Si me complaing en tel manière :
« Ha ! fortune ! chofe légière,
« Qui oins devant & poins derrière [1],
110 « Comme es marraftre !
« Clergie, comme eftes mi fillaftre !
« Oublié m'ont prélat & paftre [2] ;
« Chafcuns m'efloingne,
« A poi [3] lor eft de ma befoingne :
115 « Séjorner l'eftuet en Borgoingne [4],

1. On trouve, à la page 32 du *Jeu de Pierre de la Broce*, espèce d'églogue anonyme qui doit être considérée comme l'un des premiers essais de notre théâtre, et que j'ai publiée en 1835, la répétition de ce vers. Ceci pourrait donner à penser que le *Jeu de Pierre de la Broce*, pièce toute politique, sur la mort du favori de saint Louis et de Philippe-le-Hardi, est de Rutebeuf, si cette locution, sinon très poétique, du moins proverbiale, ne se retrouvait beaucoup trop fréquemment chez les trouvères, pour qu'on pût en appuyer l'hypothèse en question.
2. Ms. 7615. Var. pape.
3. Ms. 7633. Var. Mult pou.
4. Ms. 7615. Var. Boloigne.

« Mat & confus.
« D'iluec ne fe mouvra-il plus,
« Ainz i fera ce feureplus
« Qu'il a à vivre,
120 « Que jà n'ert nus qui l'en délivre,
« Efcorpion, serpent & guivre
« L'ont affailli :
« Par lor affaut l'ont mal bailli,
« Et tuit mi droit li font failli,
125 » Qu'il trait avant.
« Il auroit pais, de ce me vant,
« S'il voloit jurer par convant
« Que voirs fuft fable,
« Et tors fuft droiz, & Diex déable,
130 « Et fors du fens fuffent refnable,
« Et noirs fuft blanz;
« Mès por tant puet ufer fon tans,
« En tel eftat, fi com je pans,
« Que ce déift,
135 « Ne que jusques là mefféift,
« Comment que la chofe préift;
« Quar ce feroit
« Defléautez : n'il ne l' feroit,
« Ce fai-je bien; miex ameroit
140 « Eftre enmurez,
« Ou deffez ou deffigurez[1],

1. Ms. 7615. Var.
 Ou treftoz vis deffigurez
 Qu'il fut jà fi defmefurez :
  Fère ne l' veut.
 Or en voit fi com eftre puet.

« N'il n'ert jà fi defmefurez,
    « Que Diex ne veut :
« Or foit ainfi comme eftre puet.
145 « Encor eft Diex là où il fuet,
    « Ce fai-je bien ;
« Je ne me defconfort de rien.
« Paradis eft de tel merrien
    « C'on ne l'a pas
150 « Por Dieu flater ifnel le pas;
« Ainz covient maint félon trefpas
    « Au cors foufferre.
« Por cheminer parmi la terre,
« Por les bones viandes querre,
155   « N'eft-on pas fains ;
« S'il muert por moi, f'ert de moi plains.
« Voir dires a coufté à mains
    « Et couftera ;
« Mès Diex, qui eft & qui fera,
160 « S'il veut, en pou d'eure fera
    « Ceft bruit remaindre :
« L'en a véu remanoir graindre.
« Qui verra .ij. cierges eftaindre [1]
    « Lors fi verra
165 « Comment Jhéfu-Crift ouverra,
« Qui maint orguillex à terre a

1. Je crois que ce vers et le précédent pourraient bien être une allusion à la mort du pape Clément IV et à celle du roi, qui se suivirent d'assez près; mais ce passage n'est pas suffisamment explicite pour que j'ose l'affirmer.

« Pleſſié & mis.
« Se il eſt por moi ſanz amis,
« Diex s'ert en poi d'eure entremis
170 « De lui ſecorre.
« Or lera donc fortune corre,
« Qu'encontre li ne puet-il corre;
« C'eſt or la ſomme.
« Où a-il nul ſi vaillant homme,
175 « Qui por l'apoſtoile de Romme
« Ne por le Roi,
« Ne veut defréer ſon erroi,
« Ainz en a ſouffert le deſroi
« De perdre honor?
180 « L'en l'apeloit meſtre & ſeignor,
« Et de toz meſtres [1] le greignor,
« Seignor & meſtre,
« Li enfant que vous verrez neſtre
« Vous feront encore herbe peſtre
185 « Se il deviennent
« De cels qui enſamble ſe tienent,
« Et c'il vivent qui les ſouſtiennent
« Que j'ai deſcrit !
« Or prions donques Jhéſu-Criſt
190 Que ceſtui mete en ſon eſcrit
Et en ſon règne
Là où les ſiens conduit & maine ;
« Et ſi l'en prit la ſouveraine
« Virge Marie,

1. Ms. 7633. Var. autres.

195 « Qu'avant que il perde la vie
 « Soit sa volenté accomplie. »

Amen.

Explicit de mestre Guillaume de Saint-Amor ou Explicit la Complainte de Saint-Amor.

De Monseigneur Anseau de l'Isle [1],
Ou ci encoumance
De Monseigneur Ancéel de l'Isle.

Mss. 7218, 7633, 7615.

Iriez [2], à maudire la mort
Me voudrai désormès amordre .
Qui adès à mordre s'amort,
Qui adès ne fine de mordre ;

---

1. Ancel IV, fils d'Ancel III, seigneur de l'Isle-Adam, illustre maison d'où sortit plus tard le fameux grand-maître de Rhodes, et de Clémence de Pompone, sa seconde femme. Il mourut le 30 août 1285, en Aragon, où il avait accompagné Philippe-le-Hardi.

M. Paris propose une autre version ; la voici : « Nous croyons, dit-il, que Rutebeuf rappelle ici la mort d'Ansel III. On n'en sait pas la date précise, mais si le poëte avait voulu déplorer la destinée du fils, il aurait parlé de la guerre de Catalogne et de la valeur de celui qu'on avait vu tomber sous les coups des Espagnols. Loin de cela, il ne s'agit, dans la *Complainte*, que de chasses et de vertus domestiques, etc. »

N'en déplaise à mon savant ami, ce sont là des inductions plutôt que des preuves positives. Toutefois, il y aurait avantage pour cette pièce à être reportée à Ansel III : elle deviendrait, dans ce cas, la plus ancienne composition de Rutebeuf.

2. *Iriez*, en colère ; de *ira*.

5   De jor en jor, çà & là, mort
    Cels dont le fiècle fet remordre :
    Je di que fi grant mors a mort
    Que Valmondois a geté d'ordre [1]

    Valmondois eft de valor monde ;
10   Bien en eft la valor mondée,
    Quar la mort, qui les bons efmonde,
    Par qui larguefce eft efmondée,
    A or pris l'un des bons du monde.
    Las ! com ci a male eftondée !
15   De France a ofté une efponde [2] :
    De cele part eft afondée.

    Avoec les fainz foit mife en fele
    L'âme de mon feignor Ansel,
    Car Diex, qui fes amis enfèle,
20   L'a trové & fin & féel ;
    Mès la mort, qui les bons flaèle,
    A aporté félon flael ;
    A l'Isle fors lettres faèle :
    Ofté en a le fort féel.

25   Je di fortune eft non voianz ;

---

1. Ms. 7633. Var. Que Vaumondois à geteir l'ordre. — *Vaumondois* eft le nom d'une tèrre que poffédaient les seigneurs de l'Isle-Adam. Ils s'intitulaient presque toujours *Seigneurs de l'Isle-Adam, Maci et Valmondois*.

2. *Efponde*, digue, défense.

Je di fortune ne voit goute,
Ou en fon fens eft defvoianz;
Les uns atret, les autres boute.
Li povres hom, li mefchéanz
30   Monte fi haut chafcuns le doute;
Li vaillanz hom devient noianz :
Iffi va fa manière toute.

Toft eft uns hom en fon [1] la roe;
Chafcuns le fert, chafcuns l'oneure,
35   Chafcuns l'aime, chafcuns l'aroe [2];
Mès ele torne en petit d'eure,
Que li ferviz chiet en la boe
Et li fervant li corent feure;
Nus ne tent [3] au lever la poe :
40   En cort terme a non *Chantepleure* [4].

Toz jors déuft un preudon vivre,

---

1. *En fon* pour *en dessous*. — Cette strophe manque au Ms. 7615. — Voyez, comme rapprochement d'idées sur le même sujet, pages 177 et suivantes de mon recueil des *Jongleurs et Trouvères,* la petite pièce intitulée *la Roe de fortune.*
2. Ms. 7633. Var. l'aore.
3. Ms. 7633. Var. n'atent.
4. *Chantepleure,* qui pleure après avoir chanté. En voici l'explication par l'auteur d'un poëme que j'ai publié :

Et de la pleure chante favez que fénéfie,
Qui pleure fes péchiez & vers Dieu f'umélie.
L'âme a le guerredon quant la char eft porrie.
Lors ne fe puet tenir qu'ele ne chante & rie.

  Se mort éuſt ſans ne ſavoir;
  S'il fuſt mors, ſi déuſt revivre,
  Ice doit bien chaſcuns ſavoir.
45 Mès mort eſt plus fière que guivre [1],
  Et ſi plaine de non-ſavoir,
  Que des bons le ſiècle délivre
  Et aus mauvès leſt vie avoir.

  Qui remire [2] la bele chace
50 Que fère ſoliiez jadis,
  Lès voz braches [3] entret en trace
  Çà .v. çà .vij. çà .ix. çà .x.
  (N'eſt nul qui li cuers mal n'en face),
  Ne por âme nul bien jadis :
55 Dieu pri que vous otroit ſa grâce,
  Et doinſt à l'âme paradis.

         Amen.

1. Ms. 7633. Var. vuiyvré.
2. Mss. 7633, 7615. Var. remembre.
3. Les *braches*, *brachets* ou *boichez*, eſpèce de chiens d'arrêt nommés aujourd'hui *braques* ou *bracs*.

Explicit de Monseignor Anseau de l'Isle.

La Complainte d'Outre-Mer,

ou

C'est la Complainte d'Outre-Meir [1].

Mss. 7218, 7615, 7633.

EMPEREOR & roi & conte,
Et duc & prince à cui l'en [2] conte
Romanz divers por [3] vous esbatre,
De cels qui se seulent combatre
5 Çà en arriers por sainte Yglise,

---

[1]. La date de cette pièce me semble être environ de 1264 à 1268 (M. Paulin Paris dit 1262). Rutebeuf y parle, en effet, de secours demandés par Geoffroi de Sargines : or, précisément à cette époque, Bibars enlevait l'une après l'autre toutes leurs conquêtes aux chrétiens, dont les chefs ne cessaient de s'adresser aux princes d'occident, afin d'obtenir qu'ils vinssent à leur aide. Ce qu'il y a de certain, c'est que cette complainte ne peut être postérieure à 1269, puisque Rutebeuf y parle de Geoffroi de Sargines comme commandant encore en Terre-Sainte, et que ce chevalier y mourut le 11 avril de cette même année.
[2]. Ms. 7633. VAR. hom.
[3]. Ms. 7633. VAR. eux.

Quar me dites par quel fervife [1]
Vous cuidiez avoir paradis.
Cil le gaaignièrent jadis
Dont vous oez ces romans lire,
10 Par la paine & par le martire
Que li cors fouffrirent for terre [2].
Vez ci le tems; Diex vous vient querre,
Braz eftenduz de fon fanc tains,
Par qui li feus vous ert deftains
15 Et d'enfer & de purgatoire [3] !
Recommenciez novele eftoire :
Servez Dieu de fin cuer entier,
Quar Diex vous monftre le fentier
De fon païs & de fa marche [4],
20 Que l'en, fanz raifon, li formarche
Por ce fi devriiez entendre
A revengier & à deffendre
La terre de promiffion
Qui eft en tribulacion,
25 Et perdue, fe Diex n'en penffe,
Se prochainement n'a deffenffe.
Soviegne-vous de Dieu le Père

1. *Quar* eft dit dans le sens de *or*, qui vaudrait beaucoup mieux.
2. Ceci est une allusion à quelques vieilles chansons de geste religieuses, dans le genre du roman de *Godefroy de Bouillon*.
3. Il m'est impossible de ne pas faire remarquer ici combien cette image est belle et véritablement éloquente.
4. *Marche*, frontière, limite.

Qui por fouffrir la mort amère
Envoia en terre fon Fil,
30 Or eft la terre en grant péril
Là où il fu & mors & vis.
Je ne fai que plus vous devis :
Qui n'aidera en cefte empointe,
Qui ci fera le méfacointe,
35 Poi priferai tout l'autre afère,
Tant fache le papelart fère;
Ainz dirai mès & jor & nuit :
« N'eft pas tout or quanqu'il reluit. »
Ha! rois de France, rois de France,
40 La loi, la foi & la créance
Va prefque toute chancelant!
Que vous iroie plus celant?
Secorez-la, c'or eft meftiers;
Et vous & li quens de Poitiers [1]
45 Et li autre baron enfamble :
N'atendez pas tant que vous emble
La mors l'âme, por Dieu feignor;
Mès qui voudra avoir honor
En paradis, fi le déferve,
50 Quar je n'i voi nule autre verve.
Jhéfu-Criz dift en l'Évangile,
Qui n'eft de trufe ne de guile :
« Ne doit pas paradis avoir
» Qui fame & enfanz & avoir
55 « Ne left por l'amor de celui

1. Il y a ici en note dans le Ms., de la main de Fauchet : « Saint Loys et son frère. » (Alphonse.)

« Qu'en la fin ert juges de lui. »

 Assez de gent sont mult dolant
 De ce que l'en trahi ROLLANT,
 Et pleurent de fausse pitié,
60 Et voient à iex l'amistié
 Que Diex nous sist qui nous cria,
 Qui en la sainte croiz cria,
 Aus Juys qu'il moroit de soi [1] :
 Ce n'ert pas por boivre à guersoi [2];
65 Ainz avoit soi de nous réembre.
 Celui doit l'en douter & criembre;
 Por tel seignor doit l'en plorer [3]
 Qu'ainsinc se lessa devoier [4],
 Qui se fist percier le costé
70 Por nous oster du mal osté :
 Du costé issi sanc & ève [5]
 Qui ses amis nétoie & lève.

 Rois de France, qui avez mis

1. *De soi* pour *de soif*.
2. *A guersoi*, à ivrognerie, par gourmandise. — Ce mot, qui est composé de *guère* et de *soif*, me semble une raillerie philologique pour désigner l'action de boire beaucoup. C'est ce que prouve un petit poëme intitulé *De guersay*, qu'on trouve dans mon *Recueil de contes et fabliaux*. On rencontre aussi cette expression *guersoi* dans le *Roman du renart*.
3. Ms. 7615. VAR. orer.
4. Mss. 7615, 7633. VAR. dévorer.
5. Ms. 7633. VAR. eigue.

LA COMPLAINTE D'OUTRE-MER.

  Et voſtre avoir & voz amis
75 Et le cors por Dieu en priſon [1],
  Ci aura trop grant meſpriſon
  S'à la ſainte terre failliez.
  Or covient que vous i ailliez.
  Ou vous i envoiez de gent,
80 Sans eſpargnier or ne argent,
  Dont li droiz Dieu ſoit calengiez [2].
  Diex ne veut fère plus long giez [3]
  A ſes amis, ne longue lenge [4];
  Ainçois i veut metre calenge,
85 Et veut cels le voiſent véoir
  Qu'à ſa deſtre voudront ſéoir.
  Ahi! prélat de ſainte Ygliſe,
  Qui por garder les cors de biſe
  Ne volez aler aus matines,
90 Meſires Giefrois de Surgines [5]
  Vous demande de là la mer;
  Mès je di cil fet à blaſmer
  Qui riens nule plus vous demande
  Fors bons vins & bone viande
95 Et qui li poivres ſoit bien fors!...
  C'eſt voſtre guerre & vos effors;

---

1. Allusion à la captivité de saint Louis, pendant la première croisade.
2. *Calengiez*, défendu, protégé.
3. *Giez*, liens, attache.
4. *Lenge*, longe.
5. Ms. 7633. Var. Joffrois de Surgines. Voir les détails que je donne sur lui dans la pièce qui porte son nom.

C'eft voftre Diex, c'eft voftre biens [1] :
Voftre père i tret le fiens.
Rustebues dift, qui riens ne çoile,
100 Qu'affez aurez d'un pou de toile [2],
Se les pances ne font trop graffes ;
Et que feront les ames laffes ?
Els iront là où dire n'ofe :
Diex ert juges de cefte chofe.
105 Quar envoiez le redéifme [3]
A Jhéfu-Crift du fien méifme :
Se li fetes tant de bonté,
Puis qu'il vous a fi haut monté.

Ahi ! grant cler, grand provandier,
110 Qui tant eftes grant viandier,
Qui fetes Dieu de voftre pance,
Dites-moi par quel acointance
Vous partirez au Dieu roiaume,
Qui ne volez pas dire .i. fiaume
115 Du Sautier (tant eftes divers),
Fors celui où n'a que .ij. vers ?
Celui dites après mengier [4].
Diex veut que vous l'alez vengier
Sanz controver nul autre effoine,

1. Ne croirait-on pas lire ici un de nos anciens sermonaires ?
2. C'est-à-dire : d'un étroit linceul.
3. *Redéifme*, rachat ; le dixième du dixième..... Ce vers et les trois suivants manquent au Ms. 7633.
4. Le *Deo gratias*.

La Complainte d'Outre-Mer.

120 Ou vous leſſiez le patremoine
Qui eſt du ſanc au Crucéfi.
Mal le tenez, je vous afi :
Se vous ſervez Dieu à l'égliſe,
Diex vous reſert en autre guiſe,
125 Qu'il vous peſt en voſtre meſon !
C'eſt quite quite par reſon ;
Mès ſe vous amez le repère
Qui ſanz fin eſt por joie fère,
Achetez-le, que Diex le vent ;
130 Quar il a meſtier par couvent
D'acheteors, & cil s'engingnent
Qui orendroit ne le barguignent ;
Quar tels foiz le voudront avoir
Ç'on ne l'aura pas por avoir.

135 Tornoïeor, vous que direz,
Qui au jor du juyſe irez ?
Devant Dieu que porrez reſpondre ?
Quar lors ne ſe porront repondre
Ne gent clergies, ne gent laies,
140 Et Diex vous monſterra ſes plaies !
Se il vous demande la terre
Où por vous vout la mort ſoufferre,
Que direz-vous ? Je ne ſais qoi.
Li plus hardi feront ſi qoi
145 Ç'on les porroit penre à la main :
Et nous n'avons point de demain,
Quar li termes vient & aprouche
Que la mort nous clorra la bouche,

Ha, Antioche! terre fainte!
150 Com ci a doloreufe plainte
Quant tu n'as mès nus Godefroiz!
Li feus de charité eft froiz
En chafcun cuer de creftien :
Ne jone homme ne ancien
155 N'ont por Dieu cure de combatre.
Affez fe porroit jà débatre
Et Jacobins & Cordeliers,
Qu'ils trovaiffent nus Angeliers [1],
Nus Tancrés [2], ne nus Bauduins ;

---

1. *Angeliers* est l'un des héros du cycle carlovingien. Les romans des douze pairs l'appellent toujours *Engeler de Gafcoigne, li Gafcuinz Engelers*, ou *Angeliers de Bordele* (Bordeaux). Il avait pour père Drues de Montdidier, pour mère la première fille d'Aymeri de Narbonne, et pour frères Gaudin, Richier et Sansson. Voici en quels termes nous l'apprend *le Roman d'Aymeri de Narbonne* (Ms. 2735, Bibl. nat., fol. 52, 2ᵉ col.)

> . . . . Droez de Montdidier
> Quatre filz ot qui furent preuz & fier :
> L'un fu Gaudin & li autres Richier
> Et li dui autres Sanffon & Angelier
> Qui tant aidièrent Guillaume le guerrier ;
> Chreftienté firent mult effaucier.

Selon la *Chanson de Roland*, il fut tué à la bataille de Ronceveaux par un Sarrazin nommé *Climborins*, qui montait un cheval appelé *Barbamusche*, et fut vengé immédiatement par Roland, dont l'épée *Hauteclère* perça d'outre en outre son meurtrier.

2. Ms. 7633. Var. Tangereiz. — C'eft le chef que nous nommons *Tancrède*, qui, parti en 1096 pour la

160 Ainçois lèront aus Béduins [1]
　　Maintenir la terre abfolue,
　　Qui par défaut nous eft tolue ;
　　Et Diex l'a jà d'une part arfe.
　　D'autre part vienent cil de Tharfe :
165 Et Coramin [2] & Chenillier.

croisade, d'après les exhortations d'Urbain IV, avec Bohémond, son cousin, prince de Tarente, eut l'honneur de planter le premier sur Jérusalem l'étendard des chrétiens. On sait quels effets le Tasse a tirés du beau caractère de ce héros dans son immortel poëme. Quant au *Baudouin* dont parle ici Rutebeuf, c'est, je crois, celui qui était frère de Godefroi, auquel il succéda en l'an 1100 dans la royauté de Jérusalem. Je dis je crois, parce qu'il serait possible, bien que ce ne soit pas probable, que le trouvère eût voulut désigner Baudouin de Sébourg, sur lequel il nous reste une fort belle chanson de geste. Baudouin de Sébourg, qui était cousin de Baudouin Ier, lui succéda en 1118, et mourut en 1131, après s'être rendu cher à ses sujets par son courage et ses vertus.

1. Rabelais, dans son Livre II, chapitre 30, de Pantagruel où Épistemon raconte qu'il a vu en enfer : « Xercès qui étoit devenu crieur de moutarde, Démosthène vigneron, Fabie enfileur de patenoftres, Brute & Caffie agrimenfeurs, Trajan pescheur de grenouilles, Antonin lacquais, &c , » fait de Baudouin *un marguillier* et de Godefroy de Bouillon *un dominotier*.

2. *Coramin*. — Rutebeuf fait ici une personnalité d'un nom de peuple. Il veut désigner les *Karifmins* qui, en 1244, s'emparèrent de Jérusalem, détruisirent le tombeau du Messie, pillèrent les églises, etc. Quant au nom propre *Chenillier*, il ne peut s'appliquer qu'au soudan *Kiemel*, descendant de Saladin (*Soldanus Quiemel*, comme l'appelle Guillaume de Nangis),

Revendront por tout efcillier !
Jà ne fera qui la desfande.
Se mefires GIEFROIZ me demande
Secors, fi quièré qui li face,
170 Que je n'i voi nule autre trace ;
Quar com plus en fermoneroie
Et plus l'afère empireroie !
Cis fiècles faut : qui bien fera
Après la mort le trovera.

qui monta sur le trône en 1218, arracha Damiette aux croisés en 1221, et mourut en 1236, à l'âge de 70 ans.

Explicit la Complainte d'Outre-Mer.

La Complainte de Constantinoble
Ou ci encoumence
La Complainte de Constantinoble [1].
Ms. 7218, 7633.

Souspirant por l'umain lingnage
Et penssis au cruel domage
Qui de jor en jor i avient,
Vous vueil descouvrir mon corage [2],
5 Que ne sai autre laborage :
Du plus parfont du cuer me vient.
Je sais bien, & bien m'en sovient,
Que tout à avenir covient
Quan c'ont dit [1] li prophète sage :
10 Or porroit estre se devient
Que la foi qui foible devient
Porroit changer nostre langage.

Nous en sons bien entré en voie ;
N'i a si sol qui ne le voie,

---

1. Cette pièce, qui n'est pas moins bien et qui n'a pas moins de mouvement que la précédente, a été composée comme elle pour réveiller le zèle du roi et des barons en faveur de la Terre-Sainte. Elle doit remonter à la même époque, c'est-à-dire vers 1263 ou 1264.

2. *Corage*, cœur ; *animus*.

15 Quant Conſtantinoble eſt perdue [1],
    Et la Morée ſe r'avoie
    A recevoir tele eſcorfroie
    Dont ſainte Ygliſe eſt eſperdue !
    Que l' cors a petit d'atendue,
20 Quant il a la teſte fendue.
    Je ne ſai que plus vous diroie !
    Se Jéſu-Chris ne fet aïue
    A la Sainte Terre abſolue,
    Bien li ert eſloingnie joie !

25 D'autre part vienent li Tartaire,
    Que l'en fera mès à tart taire,
    C'on n'avoit cure d'aler querre :
    Diex gart Jaſphes, Acre, Céſaire !
    Autre ſecors ne lor pui faire,
30 Que je ne ſui mès hom de guerre.
    Ha, Antioche ! ſainte terre [2],
    Qui tant couſtaſtes à conquerre,
    Ainz c'on vous péuſt à nous traire !

1. La prise de Constantinople par les Grecs hérétiques et sa séparation définitive de l'église romaine avaient eu lieu la nuit du 25 juillet 1261, pendant laquelle Alexis Stratégopule s'était rendu maître de la capitale de Baudouin, avec autant de facilité que les croisés eux-mêmes en avaient trouvé, cinquante ans auparavant, à s'en emparer.

2. Antioche ne fut reprise par les infidèles, sous la conduite de Bondoctor, qu'en 1268. C'est donc ici une crainte vague et prématurée qu'exprime le poëte, une sorte de moyen oratoire qu'il emploie pour le soutien de sa cause.

Qui des ciex cuide ouvrir la ferre
35 Comment puet tel dolor soufferre ?
Sil à Dieu cert dont par contraire ?

Isle de Cret, Corse & Sezile,
Chypre, douce terre & douce isle
Où tuit avoient recouvrance,
40 Quand vous ferez en autrui pile [1]
Li rois tendra deçà concile
Comment AIOULS [2] s'en vint en France ;
Et fera nueve remanance [3]

1. *En autrui pile*, au pouvoir d'autrui.
2. Ms. 7633. Ayoulz. — Cette raillerie, dirigée contre saint Louis, est aussi vive que charmante. — La bibliothèque nationale possède, sous le n° 2732, un Ms. français in-4°, écriture du 13e siècle, qui contient les quatre romans dont voici les titres exacts : 1° *Chi commenche la vraie estoire de Guion de Hanstone & de Bevon son fil, ensi com vous orés el livre chi en après;* 2° *Chi commenche li vraie estoire de Juliens de Saint-Gille, le qués fu père Élye, duquel Aiols issi ensi com vous. orés el livre;* 3° *Chi commenche li droite estoire d'Aiol & de Mirabel sa feme, ensi com vous orés el livre;* 4° *Chi commenche li romans de Robert le Diable, ensi com vous orés el livre.* C'est justement à *Aiol* ou *Aioul*, héros du troisième roman, que Rutebeuf fait allusion. Ce poëme se rapporte au cycle des chansons de geste carlovingiennes. La scène en est placée sous le règne de Louis-le-Débonnaire.
3. *Nueve remanance*, de nouvelles demeures. Allusion aux nouveaux couvents qu'on bâtissait pour les cordeliers, soupçonnés d'avoir inspiré *l'Évangile éternel*.

A cels qui font nueve créance,
45 Novel Dieu & nueve Évangile [1] ;
Et lera femer par doutance,
Ypocrifie, fa femance
Qui eft dame de cefte vile.

Se li denier que l'en a mis
50 En cels qu'à Dieu fe font amis
Fuffent mis en la Terre Sainte,
Ele en éuft mains d'anemis
Et mains toft s'en fuft entremis
Cil qui l'a jà brifie & frainte ;

---

1. Je crois que Rutebeuf veut désigner ici d'abord les Cordeliers, auxquels le roi venait d'accorder la reconstruction de plusieurs parties de leur couvent; ensuite *l'Évangile éternel* ou *pardurable*, livre mystique attribué à Jean de Parme et cause de plusieurs querelles entre l'Université et les ordres religieux, qui commencèrent à en donner lecture et à le commenter dans leurs leçons vers 1254. L'Université fit tant que le pape fut forcé de le condamner; mais on ne le brûla qu'en secret, tandis qu'on livrait aux flammes avec pompe le livre des *Périls des derniers temps*, qui en était la contre-partie. Voici comment termine à ce sujet le *Roman de la Rose* :

> En l'an de l'incarnacion
> Mil & deux cent cinc & cinquante
> (Neft hom vivant qui m'en demente),
> Fut baillé, c'eft bien chofe voire,
> Por prendre commun exemplaire,
> Vng livre de par le *Déable* :
> C'eft l'*Évangile pardurable*.
> Ainfinc eft-il intitulé :
> Bien eft digne d'eftre brulé.

55 Mès trop à tart en faz la plainte,
Qu'ele est jà si forment empainte
Que ses pooirs n'est mès demis :
De légier sera mès atainte
Quant sa lumière est jà estainte
60 Et sa cire devient remis [1].

De la terre Dieu qui empire,
Sire Diex, que porront or dire
Li Rois et li quens de Poitiers ?
Diex resueffre novel martire.
65 Or facent large cimetire
Cil d'Acre, qu'il lor est mestiers :
Toz est plains d'erbe li sentiers
C'on soloit batre volentiers
Por offrir l'âme en lieu de cire ;
70 Et Diex n'a mès nus cuers entiers
Ne la terre n'a nus rentiers,
Ainçois se torne à desconfire.
Jhérusalem, ahi ! ahi !
Com t'a blecié & esbahi
75 Vaine gloire, qui toz maus brasse,
Et cil qui seront envaï
Et charront là où cil chaï
Qui par orgueil perdi sa grâce !
Or du fuir la mort les chace
80 Qui lor fera de pié eschace :
Tart crieront : « Trahi ! trahi ! »

1. *Remis,* fondue. MÉON a publié (t. III), *Le Dit de l'enfant qui fut remis au soleil.*

Qu'ele a jà entefé fa mache [1],
Ne jufqu'au férir ne menace :
Lors harra Diex qui le haï.

85 Or eft en tribulacion
La terre de promiffion,
A pou de gent tout efbahie :
Sire Diex! porqoi l'oublion,
Quant por noftre redempcion
90 I fu la char de Dieu trahie ?
L'en lor envoia en aïe
Une gent defpite & haïe,
Et ce fu lor deftruction.
Du roi durent avoir lor vie ;
95 Li Rois ne l'a pas affouvie :
Or guerroient fa nafcion.

L'en fermona por la croiz prendre,
Que l'en cuida paradis vendre
Et livrer de par l'apoftole :
100 L'en pot bien le fermon entendre,
Mès à la croiz ne vout nus tendre
La main por piteufe parole.
Or nous deffent-on la carole [2],

1. *Entefé*, apprêté. *Entefer un arc*, le bander.

> Il a tantoft pris une flofche,
> En la corde la mift en coiche,
> Si *entefa* jufqu'à l'oreille.
> (*Roman de la Rose.*)

2. Espèce de danse, *chorea*, qu'on accompagnait de

>   Que c'eft ce qui la terre afole,
> 105 Ce nous vuelent li frère aprendre;
>   Mès fauffetez, qui partout vole,
>   Qui creftiens tient à efcole,
>   Fera la fainte terre rendre.
>
>   Que font les deniers devenuz
> 110 Qu'entre Jacobins & Menuz
>   Ont recéuz de teftament [1],

paroles. Le vers de Rutebeuf prouve que les défenses de danser de nos curés ne sont pas nouvelles.

1. Comme on le verra par la suite, Rutebeuf adresse fréquemment ces reproches aux Jacobins et aux Cordeliers, et n'est pas le seul; la plupart des écrivains contemporains font de même : l'auteur de *Renart le nouvel*, Jacques Gielée, qui termina son livre en 1288, se moquant de l'hypocrisie des Cordeliers, dit (voyez page 434, édition de Méon, tome IV, du *Roman du renart*) :

> . . . . Li frère Meneur
> Con li Jacobin l'acordèrent;
> Renart requifent & rouvèrent
> De lor ordre prefift les dras.
> Non ferai, dift Renart en bas,
> Mais mon fil i ferai entrer
> Rouffiel, fe li le vint gréer.
> Cius le gréa, lors l'ont vieftu
> A guife de frère Menu.

Plus loin, le fils de Renart, prenant la parole, se plaint des prélats, qui veulent empêcher des Cordeliers :

> De oïr les confeffions
> Et de faire abfolutions,
> Et d'engoindre penance as gens,
> Et d'eftre auffi as teftamens.

De bougres por'loiaus tenuz
Et d'uferiers viex & chenuz
Qui fe muèrent foudainement ?
115 Et de clers auffi fètement,
Dont il ont grant aünement,
Dont li oft Dieu fuft maintenuz ?
Mès il le font tout autrement,
Qu'il en font lor grant fondement :
120 Et Diex remaint là outre nuz.

De Greffe vint chevalerie
Premièrement d'ancefferie ;
Si vint en France & en Bretaingne :
Grant pièce i a efté chiérie ;
125 Or eft à mefnie efchérie,
Que nus n'eft tels qui la retiengne.
Mort font OGIER & CHARLEMAINE :
Or s'en voift qui plus n'i remaingne,
Loiautez eft morte & périe ;
130 C'eftoit fa monjoie & f'enfaingne,
C'eftoit fa dame & fa compaigne,
Et fa meftre herbregerie [1].

Coument amera fainte Efglize
Qui ceux n'aimme pas c'on la prize ?
135 Je ne voi pas en quèl menière :
Li rois ne fait droit ne juftize
A chevaliers, ainz les defprize,

1. Ms. 7633. VAR. habergerie.

Et ce funt cil par qu'ele eft chière,
Fors tant qu'en prifon fort & fière
140. Met l'un avant & l'autre arière,
Jà tant n'iert hauz hom à devife ;
En leu de NAIMON de Bavière [1]

---

1. Il s'agit ici, par allusion, du paladin de Charlemagne, lequel, ainsi que disent *Les avifemenz du roi faint Louis,* par Geoffroy de Paris :

> . . . . Fu bon chevallier
> Et fus touz fages empallier.

Naymes ou *Naimon,* duc de Bavière, était beau-frère ou *ferourge* de Geoffroy de Danemarck, père d'Ogier-le-Danois. Il vint à la cour de Pépin, où ce roi l'arma chevalier et lui donna en Belgique un fief, au milieu duquel le duc construisit un fort qui, du nom de son fondateur, tira depuis le sien propre : *Namur.* Quand Pépin mourut, Naymes était déjà célèbre par sa sagesse. C'est ce qui engagea Charlemagne à lui conserver la faveur dont il avait joui sous son père, et à accorder à ses prières la vie du fils de Geoffroy de Danemarck. Plus tard, Naymes accompagna le grand empereur dans toutes ses guerres et partagea tous ses périls. Aussi les romanciers, dans nos épopées carlovingiennes, célèbrent-ils ses hauts faits et le placent-ils parmi les sages conseillers de *Charlon,* sur la même ligne que Bazin et Turpin. Naymes, après avoir vaillamment combattu en Espagne, alla tomber à Roncevaux, au milieu des douze pairs, ces grands chênes qui avaient résisté à tant de tempêtes, et que déracina enfin le vent de la trahison et de la félonie.

Voici le rôle qu'il joue dans *Le roman de Berthe aux grans piés.* Un jour que Pépin, désolé de la perte de sa femme, allait partir pour Angers, où il ne s'était pas rendu depuis longtemps, le duc de Naymes vint

Tient li Rois une gens doublière
Veſtuz de robe blanche & grize¹.

145 Tant faz-je bien ſavoir le roi,
S'en France forſiſt .i. defroi,
Terre ne fuſt ſi orfeline,
Que les armes & le conroi,
Et le conſeil & tout l'erroi,

à lui avec treize compagnons. Il s'agenouilla devant Pépin avec eux, et parla ainsi : « Bon roi, nous sommes nés en Allemagne, cette terre qui est par-delà, et nous venons vers vous. Mon père, le duc de Bavière, nous envoie pour que vous nous armiez chevaliers, et il nous a bien recommandé en partant de n'accepter cet honneur que de vous. Gentil roi débonnaire, cela aura lieu aussitôt qu'il vous plaira, et nous mettrons notre soin à vous bien servir. » Le roi répondit qu'il les ferait chevaliers à la Pentecôte, et qu'il *adouberait* au Mans. En attendant, le duc Naymes demeura à la cour avec Pépin, et montra si bien ce qu'il valait qu'il devint *maiſtre de France*, c'est-à-dire *grand-sénéchal*. Il donna dans la suite maint bon conseil au roi Charlemagne. Il fut créé chevalier par Pépin au jour dit, et depuis par son courage *furent maint Turc assailli*. Plus tard, quand Pépin a retrouvé Berthe et qu'il récompense le bon Symon et ses fils, sauveurs de la reine, c'est le duc de Naymes qui leur chausse l'éperon. C'est aussi lui qui, lors de l'entrée de Berthe au Mans, marche devant elle avec le roi Floires. Ici se borne son rôle dans le *Roman de Berte*.

Celui des *Enfances de Charlemaine* continue l'histoire de Naymes.

1. Ceci est une allusion à la faveur dont jouissaient auprès de saint Louis les Cordeliers.

150 Leſſaſt-on ſor la gent béguine.
　　Lors ſi véiſt l'en biau couvine
　　De cels qui France ont en ſeſine,
　　Où il n'a meſure ne roi [1] ;
　　Se l' ſavoient gent tartarine,
155 Jà por paor de la marine
　　Ne leſſeroient ceſt enroi.

　　Li Rois qui paiens aſſeure
　　Penſſe bien ceſte encloeure :
　　Por ce tient-il ſi près ſon règne ;
160 Tels a alé ſimple aleure
　　Qui toſt li iroit l'ambleure
　　Sor le deſtrier à laſche reſne.
　　Coite [2] folie eſt plus ſaine
　　Que langue de fol conſeil plaine.
165 Or ſe tiengne en ſa tenéure :
　　S'outre mer n'éuſt fet eſtraine
　　De lui miex en vouſiſt le raiſne :
　　S'en fuſt la terre plus ſéure.

　　Meſire GIEFROI de Surgines,
170 Je ne voi mès deçà [3] nus ſignes
　　Que l'en deſormès vous ſeuqure.
　　Li cheval ont mal ès eſchines
　　Et li riche homme en lor poitrines ;

1. *Roi*, règle ; d'où vient peut-être notre mot *pied-de-roi*.
2. Ms. 7633. VAR. Corte. — *Coite*, prompte.
3. Ms. 7633. VAR. par desà.

Que fet Diex, qui ne's par anqure [1] ?
175   Encor viendra tout à tens l'eure
Que li maufé noir comme meure
Les tendront en lor desciplines !
Cels apeleront *Chantepleure* [2],
Et sans sejor [3] lor corront seure
180   Qui lor liront longues matines.

1. *Par anqure,* locution très-rare qui signifie : avoir une grande cure.
2. Ms. 7633. Var. Lors auront-il non Chante-pleure. — Voyez pour ce mot la pièce intitulée : *De Monseigneur Ancel de l'Isle.*
3. Ms. 7633. Var. secours.

Explicit la Complainte de Constantinoble.

Ci encoumence

La Nouvele Complainte d'Outre-Mer.

Ms. 7633.

Pour l'anui & por le damage
Que je voi en l'umain linage,
M'eſtuet mon pencei deſcovrir :
En ſofpirant m'eſtuet ovrir
5 La bouche por mon voloir dire

1. Cette pièce, bien postérieure aux deux pièces qui la précèdent, n'a pu être composée qu'après l'année 1273, d'abord parce que Guillaume de Beaujeu y est désigné sous le titre de *grand maître du Temple*, qu'il n'obtint qu'à cette époque; ensuite parce que Rutebeuf s'appuie sur la jeunesse du roi de France et du roi d'Angleterre pour engager ces princes à se croiser. Or, avant 1275, les paroles du poëte peuvent bien, il est vrai, avoir trait à Philippe-le-Hardy, qui était monté sur le trône en 1270, à l'âge de 25 ans, mais non à Henri III, roi d'Angleterre, né en 1207, et qui avait alors 66 ans. Après l'époque que nous fixons au contraire, ce que dit Rutebeuf s'applique à la fois aux deux princes; car Henri III étant mort en 1273, son fils Édouard lui succéda à l'âge d'environ 30 ans. C'est de ce prince et de son père qu'il est ques-

Com homs corrouciez & plains d'ire.
Quant je pens à la sainte terre
Que péchéour doient requerre
Ainz qu'il aient pascei jonesce,
10 Et je's voi entreir en viellesce,
Et puis aleir de vie à mort,
Et pou en voi qui s'en amort
A empanrre la sainte voie [1],
Ne faire par quoi Diex les voie :
15 S'en fuiz iriez par charitei ;

tion dans la mordante et curieuse satire intitulée : *La Pais aux Anglois*, que j'ai publiée dans mon recueil intitulé : *Jongleurs et Trouvères*, p. 170 et suivantes.

M. Paulin Paris, dans l'*Histoire littéraire de la France*, confirme en ces termes nos conjectures : « Ce morceau, d'une éloquence vraie et d'un style correct, paraît avoir été fait au moment du concile de Lyon en 1274, alors que les envoyés de Saint-Jean-d'Acre, les patriarches de Constantinople et de Jérusalem, plus de mille prélats, les grands maîtres de l'Hôpital et du Temple, servaient d'escorte au pape Grégoire X, et réclamaient avec lui de nouvelles croisades. » Malheureusement, M. Paulin Paris ajoute : « Rutebeuf paraissait, dans cette circonstance, suivre les inspirations de Guillaume ou de Richard de Beaujeu, grand maître des Templiers. *Il est donc probable qu'il fit aussi le voyage de Lyon, avec tous les personnages du concile.* »

Je ne saurais, et je le regrette, adopter ici l'avis de M. Paulin Paris. Ce n'est qu'une simple conjecture, et rien ne vient la confirmer dans les œuvres de notre poëte.

1. *Empanrre la sainte voie*, entreprendre le saint voyage.

Car fainz Poulz dift par veritei :
« Tuit sons .i. cors en Jhéfu-Crit, »
Dont je vos monftre par l'efcrit
Que li uns eft membres de l'autre,
20 Et nos fons aufi com li viautre [1]
Qui fe combatent por .i. os :
Plus en déiffe, mais je n'oz.

Vos qui aveiz fens & favoir,
Entendre vos fais & favoir
25 Que de Dieu funt bien averies
Les paroles des prophécies.
En crois morut por noz mesfais
Que nos & autres avons fais;
Ne morra plus, ce eft la voire :
30 Or poons foz noz piauz acroire.
Voirs eft que David nos recorde,
Diex eft plains de miféricorde ;
Mais veiz-ci trop grant reftrainture.
Il eft juges plains de droiture,
35 Il eft juges fors & poiffans,
Et fages & bien connoiffans,
Juges que on ne puet plaiffier,
Ne hom ne puet fa cort plaiffier,
Fors li fors (fox eft qui c'efforce
40 A ce que il vainque fa force) ;
Poiffans que riens ne li efchape,
Por quoi qu'il at tot foz fa chape ;

[1]. Ms. 7633. Var. *viautre*, chiens de chasse, sorte de gros lévriers.

Sages c'on non puet defevoir ;
Se puet chacuns aparfovoir,
45 Connoiffans qu'il connoift la choze
Avant que li hons la propoze,
Qui doit aleir devant teil juge
Sens troveir recet ne refuge.
C'il at tort, paour doit avoir
50 C'il a en lui fans ne favoir.

Prince, baron, tournoiour,
Et vos autre féjornéour
Qui teneiz à aife le cors,
Quant l'arme ferat mife fors,
55 Queil porra-ele ofteil prendre ?
Sauriiez-le me vos aprendre ?
Je ne le fai pas, Diex le fache !
Mais trop me plaing de voftre outrage,
Quant vos ne pouceiz à la fin
60 Et au pélérinage fin
Qui l'arme pécherreffe afine
Si qu'à Dieu la rent pure & fine.

Prince premier qui ne faveiz
Combien de terme vos aveiz
65 A vivre en cefte morteil vie,
Que n'aveiz-vos de l'autre envie
Qui cens fin eft por joie faire,
Que n'entendeiz à voftre afaire,
Tant com de vie aveiz efpace ?
70 N'atendeiz pas que la mors face

De l'arme & dou cors deservrance.
Ci auroit trop dure atendance,
Car li termes vient durement,
Que Dieux tanrra son jugement.
75 Quant li plus juste d'Adam nei
Auront paour d'estre dampnei,
Ange & archange trembleront,
Les laces armes que feront?
Queil part ce porront-elz repondre,
80 Qu'à Dieu ne's estuisse répondre
Quant il at le monde en sa main
Et nos n'avons point de demain?

Rois de France, rois d'Aingleterre,
Qu'en jonesce deveiz conquerre [1]
85 L'oneur dou cors, le preu de l'âme
Ainz que li cors soit soz la lame,
Sanz espargnier cors & avoir,
S'or voleiz paradix avoir
Si secoreiz la Terre-Sainte
90 Qui est perdue à seste empainte,
Qui n'a pas .i. an de recours,
S'en l'an méismes n'a secours;
Et c'ele est à voz tenz perdue,
A cui tenz ert-ele rendue?

95 Rois de Sézile, par la grâce
De Dieu, qui vos dona espace

1. Voyez la note du commencement de la pièce.

De conquerre Puille & Cézille [1],
Remembre-vos de l'Évuangile
Qui dist qui ne lait peire & meire,
100 Fame & enfans & suers & freires,
Possessions & manandies,
Qu'il n'a pas avec li parties.

Baron, qu'aveiz-voz en pancei ?
Seront jamais par vos tensei
105 Cil d'Acre qui sunt en balance
Et de secorre en espérance ?
Cuens de Flandres ou de Bergoingne,
Cuens de Nevers [2] con grant vergoingne
De perdre la terre absolue
110 Qui à voz senz nos iert tolue !
Et vos autres baron encemble,
Qu'en dites-vos ? que il vos cemble ?
Saveiz-vos honte si aperte

1. Charles d'Anjou. (Voyez la note sur ce prince au commencement de la pièce intitulée *Li diz de Puille*.)
2. Le comte de Flandre auquel Rutebeuf s'adresse ici est Gui, fils de Guillaume de Dampierre et de Marguerite II, fille puînée de Baudoin IX, qui avait succédé à Jeanne, sa sœur. Gui fut associé au gouvernement en 1251, et devint comte de Namur en 1263. — Le comte de Bourgogne est Philippe, mari en secondes noces d'Alix de Méranie, veuve de Hugues IV. Il était en outre comte de Savoie, et mourut en l'année 1277. — Enfin, le comte de Nevers est Robert de Dampierre, qui épousa, en 1272, Yolande, veuve de Tristan, fils de saint Louis, mort à Tunis en 1270, et auquel ce mariage donna le comté de Nevers.

Com de foffrir fi laide perte ?
115 Tournoieur, vos qui aleiz
En yver, & vos enjaleiz
Querre places à tournoier,
Vos ne poeiz mieux foloier.
Vos defpandeiz & fens raifon
120 Voftre tens & voftre faifon,
Et le voftre & l'autrui en tafche;
Le noiel laiffiez por l'efcraffe [1]
Et paradix pour vainne gloire.
Avoir déuffiez en mémoire
125 Monfeignor JOFFROI de Sergines,
Qui fu tant boens & fu tant dignes
Qu'en paradix eft coroneiz
Com fages & bien ordeneiz,
Et le conte HUEDE de Nevers
130 Dont hom ne puet chanfon ne ver
Dire fe boen non & loiaul
Et bien loei en court roiaul.
A ceux déuffiez panrre effample,
Et Acres fecorre & le Temple [2].

135 Jone efcuier au poil volage,
Trop me plaing de voftre folage,

1. Littéralement : « Vous laissez le nœud (le bouton) pour l'agrafe. »
2. J'aime à retracer ici ce souvenir qui prouve que Rutebeuf n'était ni ingrat ni oublieux. En effet, Geoffroi de Sargines était mort depuis 1269 et le comte de Nevers aussi. (Voir les *Complaintes* de Rutebeuf sur ces personnages.)

Qu'à nul bien faire n'entendeiz
Ne de rien ne vos amendeiz.
Si fuftes filz à mains preudoume,
140 Teil com je's vi, je les vos nome,
Et vos eftes muzart & nice
Que n'entendeiz à voftre office ;
De veoir preudoume aveiz honte.
Voftre efprevier funt trop plus donte
145 Que vos n'ieftes, c'eft vériteiz ;
Car teil i a, quant le geteiz,
Seur le poing aporte l'aloe :
Honiz foit qui de lui fe loe,
Se n'eft Diex ne voftre pays :
150 Li plus fages eft foux nayx.
Quant vos deveiz aucun bien faire,
Qu'à aucun bien vos doie traire,
Si le faites tout autrement,
Car vos toleiz vilainnement
155 Povres puceles lor honeurs ;
Quant ne puéent avoir feigneurs,
Lors fi deviennent dou grant nombre :
C'eft .i. péchiez qui vos encombre.
Vos povres voizins fozmarchiez,
160 Aufi bien at léans marchiez
Vendre vos bleiz & voftre aumaille
Com cele autre povre piétaille.
Toute gentilefce effaciez ;
Il ne vos chaut que vos faciez
165 Tant que vieillefce vos efface,
Que ridée vos eft la face,

Que vos iestes vieil & chenu
Por ce qu'il vos feroit tenu
A gilemeir dou parentei,
170 Non pas par voftre volentei.
S'eftes chevalier leiz la couche
Que vous douteiz .i. poi reproche,
Mais fe vos amiffiez honeur
Et doutiffiez la défhoneur,
175 Et amiffiez voftre lignage,
Vos fuffiez & preudome & fage.
Quand voftre tenz aveiz vefcu,
Qu'ainz paiens ne vit voftre efcu,
Que deveiz demandeir celui
180 Qui facrefice fift de lui ?
Je ne fai quoi, fe Diex me voie,
Quant vos ne teneiz droite voie.

Prélat, clerc, chevalier, borjois,
Qui trois femainnes por .i. mois
185 Laiffiez aleir à voftre guife
Sens fervir Dieu & fainte Églife,
Dites ! faveiz-vos en queil livre
Hom trueve combien hon doit vivre ?
Je ne fai : je non puis troveir ;
190 Mais je vos puis par droit proveir
Que quant li hons commence à neftre
En ceft fiècle a-il pou à eftre,
Ne ne feit quant partir en doit,
La riens qui plus certainne foit,
195 Si eft que mors nos corra feure :

La mains certainne fi eft l'eure¹.

  Prélat auz palefrois norrois²,
  Qui bien faveiz par queil norrois
  Li filz Dieu fu en la crois mis
200 Por cofondre ces anemis,
  Vos fermoneiz aus gens menues
  Et aux povres vielles chenues
  Qu'elz foient plainnes de droiture.
  Maugrei eulz font-ele penance,
205 Qu'eles ont fanz pain affé painne,
  Et fi n'ont pas la pance plainne.
  N'aiez paour ; je ne di pas
  Que vos meueiz ifnele pas
  Por la fainte terre défendre ;
210 Mais vos poeiz entor vos prendre
  Affeiz de povres gentilz homes
  Qui ne mainent foumes ne foumes,
  Qui doient & n'ont de qu'il paient,
  Et lor enfant de fain s'efmaient ;
215 A cex doneiz de voftre avoir
  Dont par tens porreiz pou avoir :
  Ces envoiez outre la meir
  Et vos faites à Dieu ameir.
  Montreiz par bouche & par example

---

1. Montaigne a dit : « La chose la plus certaine, c'est de mourir ; la plus incertaine, c'est l'heure. »

2. *Norrois*, fier, hautain, orgueilleux, fringant, du nord ; *northus*.

220 Que vos ameiz Dieu & le Temple[1].

  Clerc à aife & bien féjornei,
  Bien veftu & bien féjornei
  Dou patrimoinne au Crucéfi,
  Je vos promet & vos afi,
225 Se vos failliez Dieu orendroit,
  Qu'il vos faudra au fort endroit.
  Vos sereiz forjugié en court,
  Ou la riègle faut qui or court :
  « Por ce te fais que tu me faces,
230 Non pas por ce que tu me haces. »
  Diex vos fait bien ; faites-li donc
  De quoi[2], de cuer, & d'arme don ;
  Si fereiz que preu & que fage.
  Or me dites queil aventage
235 Vos puet faire voftres tréfors
  Quant l'arme iert partie dou cors ?
  Li exécuteur le retiennent
  Juqu'à tant qu'à lor fin reviennent
  Chacun fon éage à fon tour :
240 C'eft manière d'exécutour ;
  Où il avient par méchéance
  Qu'il en donnent por reparlance
  Xx. paire de folers ou trente :
  Or eft fauvé l'arme dolante.

1. L'ordre du Temple (voir la fin de la pièce), qui défendait alors la Terre-Sainte.
2. Cela est ainsi dans le Ms., mais il faudrait probablement *foi*.

245 Chevaliers de plaiz & d'axises [1],
　　Qui par vos faites vos juſtices
　　Sens jugement aucunes fois,
　　Tot i ſoit fairemens ou foiz,
　　Cuidiez-vos toz jors einſi faire.
250 A un chief vo covient-il traire?
　　Quant la teſte eſt bien avinée
　　Au feu deleiz la cheminée,
　　Si vos croiziez ſens ſermoneir.
　　Donc v'erriez grant coulz doneir
255 Seur le ſozdant & ſeur ſa gent :
　　Forment les aleiz damagent :
　　Quant vos vos leveiz au matin,
　　S'aveiz changié voſtre latin,
　　Que gari ſunt tuit li blecié
260 Et li abatu redrecié.
　　Li un vont au lièvres chacier
　　Et li autre vont porchacier :
　　Cil panront .i. mallart [2] ou deux,
　　Car de combatre n'eſt pas geux.
265 Par vos faites voz jugemens,
　　Qui ſera voſtres dampnemens
　　Se li jugement n'eſt loiaus ;

1. L'*Histoire littéraire de la France* dit judicieusement « qu'il faut noter cette expression de *chevaliers plaiz et d'axises*, employée dès l'année 1274, c'est-à-dire plus de dix ans avant le règne de Philippe-le-Bel. »

2. *Mallart*, mâle de canes sauvages ; en bas latin, *mallardus*.

Boens & honeftes & féaus.
Qui plus vos done fi at droit :
270 Ce faites que Diex ne voudroit.
Ainfi defineiz voftre vie,
Et lors que li cors fe dévie
Si trueve l'arme tant à faire
Que je ne porroie retraire,
275 Car Diex vos rent la faucetei
Par jugement ; car achatei
Aveiz enfer & vos l'aveiz ;
Car cefte choze bien faveiz :
Diex rent de tout le guerredon,
280 Soit biens, foit maux, il en a don.

Riche borjois d'autrui fuftance,
Qui faites Dieu de voftre pance,
Li povre Dieu chiez vos s'aünent
Qui de faim muerent & géunent
285 Por atendre voftre gragan,
Dont il n'ont pas à grant lagan [1] ;
Et vos entendeiz au meftier
Qui aux armes n'éuft meftier,
Vos faveiz que morir convient ;
290 Mais je ne fai c'il vos fouvient
Que l'uevre enfuit l'ome & la fame ;
C'il at bien fait bien en a l'arme,
Et nos trovons bien en efcrit :

1. *Lagan*, abondance, quantité, multitude ; largesse, don. — *Lagan* était aussi une espèce de droit seigneurial.

« Tout va fors l'amour Jhéfu-Crit. »
295 Mais de ce n'aveiz-vos que faire !
Vos entendeiz à autre afaire.
Je fai toute voftre atendue :
Dou bleis ameiz la grant vendue
Et chier vendre de fi au tans,
300 Seur lettre, feur plège [1], ou feur nans [2],
Vil acheteir & vendre chier,
Et uzereir & gent trichier,
Et faire d'un déable Deus
Por ce que enfer eft trop feux.
305 Jufqu'à la mort ne faut la guerre,
Et quant li cors eft mis en terre
Et hon eft à l'ofteil venuz,
Jà puis n'en iert contes tenuz.
Quant li enfant funt lor feigneur,
310 Veiz-ci conqueft à grant honeur
Au bordel ou en la taverne :
Qui plus toft puet, plus c'i governe.
Cil qui lor doit fi lor demande ;
Paier covient ce c'om commande.
315 Teiz marchiez font com vous éuftes,
Quant en voftre autoritei fuftes.
Chacuns en prent, chacuns en ofte.
Enz ofteiz pluée s'en vont li ofte :
Les terres demeurent en friche ;
320 S'en funt li hom eftrange riche ;

1. *Piège,* garantie, caution.
2. *Nans,* nantissement, gage.

Cil qui lor doit paier n'es daingne,
Anſois convient que hon en daingne
L'une moitié por l'autre avoir.
Veiz-ci la fin de voſtre avoir.
325 La fin de l'arme eſt tote aperte :
Bien eſt qui li rant ſa déſerte.

Maiſtre d'outre meir & de France,
Dou Temple par la Dieu poiſſance,
Frère GUILLAUME de Biaugeu [1],
330 Or poeiz veioir le biau geu
De quoi li ſiècles ſeit ſervir.
Il n'ont cure de Dieu ſervir
Por conquerre ſainz paradis,
Com li preudome de jadiz,
325 GODEFROIZ, BRIEMONS [2] & TANCREIZ.

1. *Guillaume* ou Guichard *de Beaujeu* (on le nomme aussi *Guillard*), succéda dans la charge de grand-maître du Temple à Thomas Beraut ou Bérail, mort le 25 mars 1273. « Il faut donc, dit *l'Art de vérifier les dates*, rayer du catalogue des grands-maîtres Robert et Guiffrei, dont on place les magistères entre ceux de Béraut et de Beaujeu. » Nous ferons observer qu'il y a ici une erreur. Guillaume de Beaujeu ne fut élu que le 13 mai 1273. En 1274, il assista au concile de Lyon; la même année, il s'embarqua pour la Palestine, où il arriva le 29 septembre. Il y resta jusqu'à sa mort, qui eut lieu en 1291 au siége d'Acre, qu'il défendait avec courage contre les infidèles. Il périt d'une blessure que lui fit à l'épaule une flèche empoisonnée, et, sur cinq cents des chevaliers qu'il commandait, dix seulement parvinrent à s'échapper.
2. *Bohémond*, fils de Robert Guiscard, l'un des

Jà n'iert lor ancres aencreiz
En meir por la neif rafreſchir;
De ce ce vuelent-il franchir.
Ha, bone gent ! Diex vos ſequeure !
340 Que de la mort ne ſaveiz l'eure.
Recoumanciez novele eſtoire,
Car Jhéſu-Criz li rois de gloire
Vos vuet avoir, & maugré voſtre
Sovaingne-vos que li apoſtre
345 N'orent pas paradix por pou :
Or vos remembre de ſaint Pou,
Qui por Deu ot copei la teſte.
Por noiant n'en fait-hon pas feſte,
Et ſi ſaveiz bien que ſainz Peires
350 Et ſains Andreuz, qui fu ces frères,
Furent por Dieu en la croix mis.
Por ce fu Dieux lor boens amis
Et li autre ſaint anſiment.
Que vos iroie plus rimant ?
355 N'uns n'a paradix c'il n'a painne ;
Por c'eſt cil ſages qui ſ'en painne.

Or prions au Roi glorieux
Et à ſon chier Fil précieux
Et au Saint-Eſpérit enſemble,
360 En cui toute bonteiz s'aſemble,
Et à la précieuſe Dame

chefs de la première croisade avec *Godefroi* et *Tancrède*.

COMPLAINTE D'OUTRE-MER.

Qui est saluz de cors & d'arme,
A touz sainz & à toutes saintes
Qui por Dieu orent painnes maintes,
365 Qu'il nos otroit sa joie fine.
Rutebues son sarmon define.

Explicit.

Ci encoumence

La Desputizons dou Croisié et dou Descroizié [1].

Ms. 7633.

L'AUTR'IER entour la Saint-Remei
Chevauchoie por mon afaire,
Pencix, car trop sunt agrumi
La gent dont Diex a plus afaire,

[1]. Cette pièce de Rutebeuf a acquis une assez grande célébrité. Legrand d'Aussy en a donné dans ses *Fabliaux* une imitation en prose, malheureusement beaucoup trop éloignée de l'original. La Société de l'Histoire de France a bien voulu l'insérer dans son Bulletin (année 1835), avec une traduction de moi ; et M. Paul Tiby, auquel nous devons une élégante et fidèle version de *l'Histoire des Croisades* de Mills (Paris, 1835, chez Depélafol), a reproduit dans les notes de son troisième volume le texte et la traduction.

Selon moi, cette pièce se rapporte à la sixième expédition d'outre-mer, c'est-à-dire qu'elle a été composée de 1268 à 1270. M. Daunou a dit à propos d'elle :

« Aux tensons des troubadours correspondent les jeux partis des trouvères, que Legrand d'Aussy considère comme des productions dramatiques. A nos yeux, il n'y a là que des dialogues précédés et inter-

5   Cil d'Acre, qui n'ont nul ami,
    Ce puet-on bien por voir retraire,
    Et font fi près lor anemi
    Qu'à eux puéent lancier & traire.

    Tant fui pancis à cefte choze

rompus par les récits que l'auteur fait en son propre nom. On trouverait tout aussi bien des drames dans chaque narration, dans chaque histoire où des personnages sont mis en scène et ont entre eux des altercations ou des entretiens. Voilà ce que sont réellement les jeux d'Adam, de saint Nicolas, des pèlerins, de Robin et Marion, du Miracle de Théophile, ouvrages d'Adam-le-Bossu, de Bodel et de Rutebeuf. (*Discours sur l'état des lettres au VIII*e *siècle.*)

Que la *Defputizons du croifié & du defcroizié* soit considérée comme un jeu-parti, je le comprends. Il n'y a que deux interlocuteurs qui se livrent à une discussion, à une *defputizons* comme dit le poëte; mais qu'on veuille en faire une pièce de théâtre, je ne le crois pas, car l'action y manque complètement. Une autre raison encore qui fait qu'on ne saurait considérer ce dialogue comme une pièce dramatique, c'est l'espèce de prologue qui le précède, et où le poëte expose lui-même son sujet en plusieurs strophes. *Le Miracle de Théophile* diffère essentiellement de ce procédé. Il n'y a ni prologue, ni explication préliminaire. La pièce commence au lever du rideau, et le drame s'explique de lui-même en se déroulant d'une façon toute naturelle, après s'être ouvert *ex abrupto*.

Voici maintenant l'opinion de M. Paulin Paris dans l'*Histoire littéraire* sur cette pièce: « On était en 1268. Louis IX venait de céder aux cris de détresse venus d'outre-mer. Il avait, pour la seconde fois, attaché

10 Que je defvoiai de ma voie,
Com cil qu'à li méimes choze,
Por le penceir que g'i avoie.
Une maifon fort & bien cloze
Trouvai, dont je riens ne favoie,
15 Et c'eftoit là-dedens encloze
Une gent que je demandoie.

Chevaliers i avoit teiz quatre

sur son manteau la croix fatale. Ce fut le moment choisi par le poëte pour faire déclamer et réciter, dans les châteaux et les carrefours de chaque ville, *la defputizons du croizié et du defcroizié*, une des premières pièces les mieux composées et les plus agréablement écrites. Elle forme trente octaves en vers et dix-sept octosyllabiques, dont les rimes sont alternativement masculines et féminines. On en peut conclure qu'elles furent destinées à être chantées. La *defputizons* de Rutebeuf dut présenter un intérêt universel, et il fallut un talent remarquable, d'un côté, pour exposer sincèrement les objections; de l'autre, pour parvenir à les réfuter d'une façon exemplaire. On sent dans le mouvement de cette pièce quelque chose de la bonne poésie française, telle qu'on la comprenait dans les meilleurs temps; mais nous devons regretter que Legrand d'Aussy, oubliant la force des paroles du champion de la croisade, ait fait honneur à Rutebeuf d'une intention philosophique contraire au voyage de la Terre-Sainte. Suivant lui, le poëte n'avait ici d'autre but que de détourner le saint roi de la folie des croisades. Il fallait n'avoir compris ni les autres pièces de Rutebeuf, ni la force relative des arguments du chevalier croisé, pour douter un instant de l'intention de l'ouvrage. »

Qui bien feivent parleir franſois.
Soupei orent, ſi vont eſbatre
20 En un vergier deleiz le bois.
Ge ne me veulz for eux embatre,
Que ce me diſt uns hons cortois :
Tiez cuide compaignie eſbatre
Qui la touſt coſt or ſans gabois.

25 Li dui laiſſent parleir les deux
Et je les pris à eſcouteir,
Qui leiz la haie fui touz ſeux ;
Si deſcent por moi acouteir.
Si diſtrent, entre gas & geux,
30 Teiz moz com vos m'orreiz conteir.
Siècles i fut nomeiz & Deus :
De ce priſtrent à deſputeir.

Li uns d'eux avoit la croix priſe,
Li autre ne la voloit prendre.
35 Or eſtoit de ce lor empriſe,
Que li croiſiez voloit aprendre
A celui qui pas ne deſpriſe
La croix, ne la main n'i vuet tendre,
Qu'il la préiſt par ſa maîtrize,
40 Ce ces ſans ce puet tant eſtendre.

Dit li croiſiez premièrement :
« Enten à moi, biaux dolz amis ;
Tu ſeiz mult bien entièrement
Que Diex en toi le ſan a mis,

45 Dont tu connois apertement
Bien de mal, amis d'anemis.
Se tu en euvres fagement,
Tes loïers t'en eft promis.

« Tu voiz, & parfois, & entens
50 Le mefchief de la fainte terre.
Por qu'eft de proeffe vantans
Qui le leu Dieu lait en teil guerre ?
S'uns hom pooit vivre .c. ans
Ne puet-il tant d'oneur conquerre
55 Com fe il eft bien repentans
D'aleir le fépulchre requerre. »

Dit li autre : « J'entens mult bien
Por quoi vos dites teiz paroles.
Vos me fermoneiz que le mien
60 Doingne au coc & puis fi m'envole.
Mes enfans garderont li chien
Qui demorront en la parole.
Hon dit : *Ce que tu tiens, fi tien;*
Ci at boen mot de bone efcole. »

65 « Cuidiez-vos or que la croix preingne
Et que je m'en voize outre meir,
Et que les .c. foudées [1] deingne

1. La *soudée* était un fonds de terre qui rendait un *sou* de rente. — Ce passage fait allusion aux cessions de biens qu'étaient obligées de faire à vil prix ceux qui partaient pour les croisades. Je rappellerai à ce

  Por .xl. cens réclameir ?
  Je ne cuic pas que Deux euseingne
70 Que hom le doie ainsi semeir :
  Qui ainsi senme pou i veigne,
  Car hom les devroit asemeir. »

  — « Tu naquiz de ta mère nuz,
  Dit li croiziez, c'est choze aperte :
75 Or iez juqu'à cel tens venuz
  Que ta chars est bien recoverte.
  Qu'est Diex nès qu'alors devenuz
  Qu'à cent dobles vent la déserte ?
  Bien i ert por meschéanz tenuz
80 Qui ferat si vilainne perte.

  « Hom puet or paradix avoir
  Ligièrement ! Diex en ait loux ;
  Asséiz plus, ce poeiz savoir,
  L'acheta sainz Pière & sainz Poulz,
85 Qui de si précieux avoir
  Com furent la teste & li coux,
  L'aquistrent, se teneiz à voir :
  Icist dui firent .ij. biaux coux. »

  Dit cil qui de croizier n'a cure :

sujet que Godefroi de Bouillon vendit, avant de quitter ses États, la majeure partie de ses biens au clergé, qu'en 1096 Baudouin, comte de Hainaut, imita cet exemple, et qu'en 1239, Baudouin, comte de Namur, le suivit également.

90 Je voi merveilles d'une gent
Qui afleiz fueffrent poinne dure
En amaffeir .i. pou d'argent;
Puis vont à Roume ou en Efture [1],
Ou vont autre voie enchergent :
95 Tant vont cerchant bone aventure,
Qu'ils n'ont baeffe ne fergent [2].

« Hom puet mult bien en ceft payx
Gaaignier Dieu cens grant damage;
Vos ireiz outre meir lays
100 Qu'à folie aveiz fait homage.
Je dis que cil eft foux nayx
Qui ce meft en autrui fervage,
Quant Dieu puet gaaignier fayx [3]

1 Asturie. — « Apparemment qu'il y avait alors, dans cette province, un pèlerinage célèbre, qui n'est plus connu aujourd'hui, ou peut-être que le fablier, par une ignorance trop commune aux poëtes de son temps, aura placé dans les Asturies Saint-Jacques de Compostelle, qui est en Galice. » (LEGRAND D'AUSSY.)

2. *Baesse ne sergent*, servante ni serviteur.

3. *Sayx*, çà, ici, par opposition à *lays*, là-bas, qu'on lit dans la même strophe; ou peut-être encore sain, *sanus*, bien portant, sans se rendre malade. — On sent, en lisant ces vers, qu'on est déjà loin du siècle qui vit naître les croisades : l'enthousiasme a besoin d'être éveillé. Les paroles de Rutebeuf rappellent involontairement cette impiété de l'empereur Frédéric, qui, au retour de l'expédition à laquelle il avait été contraint par le pape, disait quelquefois : « Si Dieu avait connu le royaume de Naples, il ne lui aurait pas préféré les rochers stériles de la Judée. »

Et vivre de son héritage. »

105 — « Tu dis si grant abusion
Que nus ne la porroit descrire,
Qui vues sans tribulation
Gaaignier Dieu por ton biau rire;
Dont orent fole entencion
110 Li saint qui soffrirent martyre
Por venir à redempcion ?
Tu dis ce que n'uns ne doit dire.

« Encor n'est pas digne la poingne [1]
Que n'uns hom puisse soutenir
115 A ce qu'à la joie sovrainne
Puisse ne ne doie venir :
Par ce se rendent tuit cil moinne
Qu'à teil joie puissent venir.
Hom ne doit pas douteir essoinne
120 C'on ait pour Dieu juqu'au fenir. »

— « Sire qui des croix sermoneiz,
Resoffreiz-moi que je deslas.
Sermoneiz ces hauz coroneiz,
Ces grans doiens & ces prélaz,
125 Cui Diex est toz abandoneiz
Et dou siècle toz li solaz :
Ciz geux est trop mal ordeneiz
Que toz jors nos meteiz ès laz.

1. *Poingne*, combat, lutte; *pugna*.

« Clerc & prélat doivent vengier
130 La honte Dieu, qu'il ont ces rentes.
Ils ont à boivre & à mengier :
Si ne lor chaut c'il pluet ou vente.
Siècles est touz en lor dangier;
C'il vont à Dieu par teile fente,
135 Fol funt c'il la vuelent changier,
Car c'eft de toutes la plus gente. »

— « Laiffe clers & prélaz efteir
Et te pren garde au roi de France
Qui por paradix conquefteir
140 Vuet metre le cors en balance
Et ces enfanz à Dieu prefteir [1];

[1]. Ce passage confirme ce que je dis plus haut sur la date de cette pièce. En effet, pour la croisade de 1270, comme le fait très bien observer Rutebeuf dans la strophe 13e de *la Voie de Tunes*, le roi emmène ses enfants avec lui, savoir : Tristan, né à Damiette en 1250; Philippe et Pierre, etc., de Salerne. C'est ce que constate ainsi *la branche aux royaux lignages* de Guillaume Guiart :

> Mil deux cent foixante & huit ans
> Prit St. Loys dont nous rimon
> La crois du cardinal Simon.

Ses trois fils aussi la reçurent, etc.

Legrand d'Aussy s'est donc trompé de beaucoup en fixant à 1246 la date de cette pièce. A cette croisade, saint Louis emmena bien ses trois frères, Robert, etc., d'Artois; Alphonse, etc., de Poitiers, et Charles, etc., d'Anjou; mais il ne put *prêter à Dieu fes enfans*, qui étaient trop jeunes, et dont un, Philippe, n'avait qu'un an.

Li près n'est pas en esmaiance :
Tu voiz qu'il ce vuet apresteir
Et faire ce dont à toi tance.

145 « Mult a or meillor demoreir
Li Rois el roiaume que nos,
Qui de son cors vuet honoreir
Celui que por Seignor tenons,
Qu'en crois se laissa devoreir.
150 Ce de lui servir ne penons,
Hélas! trop aurons à ploreir,
Que trop fole vie menons!

— « Je vuel entre mes voisins estre
Et moi déduire & solacier :
155 Vos ireiz outre la meir peistre
Qui poez grant fais embracier.
Dites le soudant vostre meistre
Que je pris pou son menacier :
S'il vient deçà, mal me vit neistre,
160 Mais lai ne l'irai pas chacier.

Je ne faz nul tort à nul home,
N'uns hom ne fait de moi clamour ;
Je cuiche tost & tien grant soume,
Et tieng mes voisins à amour.
165 Si croi, par saint Pierre de Roume,
Qu'il me vaut miex que je demour,
Que de l'autrui porter grant soume
Dont je seroie en grant cremour.

— « Defai bées à aife vivre,
170 Seiz-tu fe tu vivras affeiz ?
Dis-moi ce tu ceiz en queil livre
Certains vivres foit compaffeiz.
Manjue & boif & fi t'enyvre,
Que mauvais eft de pou laffeiz ;
175 Tuit font .i., faches à délivre,
Et vie d'oume & oez quaffeiz.

« Laz ! ti dolant ! la mors te chace,
Qui toft t'aura laffei & pris ;
Defus ta tefte tien fa mace :
180 Viex & jones prent à .i. pris.
Tantoft at fait de pié efchace,
Et tu as tant vers Dieu mefpris !
Au moins enxui .i. pou la trace
Par quoi li boen ont los & pris. »

185 — « Sire croiziez, merveilles voi ;
Mult vont outre meir gent menue,
Sage, large, de grant aroi,
De bien metable convenue,
Et bien i font, fi com je croi,
190 Dont l'arme eft por meilleur tenue :
Si ne valent ne ce ne quoi
Quant ce vient à la revenue[1].

---

1. La plupart de nos historiens confirment le reproche que contient ce passage ; les chroniqueurs font un affreux tableau des vices qui souillaient le royaume de Jérusalem. Des pèlerins qui, en se fai-

Se Diex eſt nule part el monde,
Il eſt en France, c'et ſens doute ;
195 Ne cuidiez pas qu'il ſe reponde
Entre gent qui ne l'aimment goute.
Et voſtre meir eſt ſi parfonde
Qu'il eſt bien droiz que la redoute ;
J'aing mieux fontaine qui foronde
200 Que cele qu'en eſtei s'eſgoute. »

— « Tu ne redoutes pas la mort,
Si feiz que morir te convient,
Et tu diz que la mers t'amort !...
Si faite folie dont vient ?
205 La mauviſtiez qu'en toi s'amort
Te tient à l'oſteil ſe devient ;
Que feras ſe la mort te mort
Que ne ceiz que li tenz devient ?

« Li mauvais deſà demorront

sant soldats, croyaient échapper à toute espèce de joug, ne devaient pas être des modèles de vertu. « Je ne suis pas surpris, disait Saladin, que les chrétiens soient vaincus : Dieu ne peut accorder la victoire à des hommes si vicieux. » On peut également rapprocher de ce passage de Rutebeuf la strophe suivante d'une pièce de vers qui se trouve dans le Ms. 1830, Saint-Germain, où elle est intitulée : *Des Proverbes et du vilains* :

La voie d'outre-mer
Voi à maint hom amer :
A l'aler gabe & huie ;
Quant vient au revenir
Ne puet. foi foutenir, etc.

210 Que jà n'uns boens n'i demorra;
Com vaches en lor lit morront
Buer iert neiz qui de lai morra,
Jamais recovreir ne porront :
Faſſe chacuns mieux qu'il porrat;
215 Lor pereſce en la fin plorront,
Et c'il muerent n'uns n'es plorra.

« Auſi com par çi le me taille,
Cuides foïr d'enfer la flame
Et acroire, & metre à la taille,
220 Et faire de la char ta dame.
A moi ne chaut coument qu'il aille
Mais que li cors puiſt ſauver l'âme,
Ne de priſon ne de bataille,
Ne de laiſſier enfant ne fame [1]. »

225 — « Biaux ſire chiers, que que dit aie,
Vos m'aveiz vaincu & matei.
A vos m'acort, à vos m'apaie,
Que vos ne m'aveiz pas flatei.
La croix preing ſans nule délaie,

[1]. La croyance qu'on pouvait se sauver en allant en Terre-Sainte et que la croisade effaçait tous les péchés, amena de singuliers raisonnements : il y avait des coupables qui disaient, selon l'abbé Usperg, lequel cite à ce propos le meurtre d'Engelbert, évêque de Cologne : « Je commettrai des crimes, puisqu'en prenant la croix je deviendrai innocent, et je satisferai même pour les crimes des autres. » (Voy. Fleury, *Hist. eccl.*, t. XVI, p. 589, édit. in-4°, Paris, 1719.)

230   Si doing à Dieu còrs & chatei ;
      Car qui faudra à cele paie
      Mauvaifement aura gratei.

      « En non dou haut Roi glorieux
      Qui de fa fille fift fa meire,
235   Qui par fon fanc efprécieux
      Nos ofta de la mort ameire,
      Sui de mol croizier curieux
      Por venir à la joie cleire ;
      Car qui à s'ame eft oblieux
240   Bien eft raifons qu'il le compeire [1]. »

[1]. Je terminerai mes annotations sur cette pièce en rectifiant plusieurs assertions que Legrand d'Aussy a mises en note de *La Defputizons du croifié* dans ses *Fabliaux*. « Rutebeuf, dit-il, paraît avoir voulu montrer au roi les inconvénients de la croisade; il s'y prend d'une manière fort ingénieuse pour son temps, en supposant deux interlocuteurs qui, disputant sur les croisades, étalent ainsi ce qu'on pouvait dire de mieux alors pour ou contre ; *mais tandis que l'un n'allègue jamais en leur faveur que des motifs de dévotion*, l'autre, déployant contre elles le sarcasme, le ridicule et la plaisanterie, les attaque avec des raisons excellentes. Le dénoûment surtout, où le poëte fait prendre la croix au second chevalier, me semble une chose assez adroite : il ne pouvait ménager avec plus de respect la conduite de son souverain, ni se mettre plus sûrement lui-même hors de toute atteinte ; mais cette conversion subite, qui d'ailleurs ne détruit pas une seule raison, vient si brusquement, et même elle est énoncée dans l'original *d'une manière si burlesque*, que, loin de produire *quelque impression sur le lecteur, elle ne peut que le révolter.*

« Rutebeuf, quand il vit le monarque rester inébranlable dans sa résolution, changea de ton *sans doute* pour lui plaire, car j'ai vu de lui quelques pièces où il exhorte très sérieusement aux croisades. Cette basse flatterie n'eut aucun succès : il paraît par plusieurs endroits de ses poésies qu'il vécut pauvre et misérable. »

Il y a un peu de légèreté, selon moi, dans les réflexions de Legrand d'Aussy. D'abord je ne crois pas que Rutebeuf ait voulu faire de sa pièce une ironie : elle est sérieuse d'un bout à l'autre ; et penser autrement serait prêter à notre trouvère un système philosophique qu'il ne pouvait pas avoir. Remarquons, en effet, une chose : c'est qu'il ne raille jamais les croisades elles-mêmes ; il prend seulement prétexte de leurs inconvénients pour critiquer, et encore au profit de la Terre-Sainte, les moines et les prélats. Quel motif d'ailleurs plus puissant que la dévotion pouvait invoquer le poëte ? quelles invocations plus pressantes pouvait-il adresser à ses auditeurs en un temps de croyance et de foi ?

Je me demande enfin où Legrand d'Aussy a pu rencontrer dans les dernières strophes de notre pièce, quelque chose de *burlesque* et qui *révolte le lecteur.* Je ne crois pas non plus que Rutebeuf ait changé de ton pour plaire à saint Louis : selon moi, il n'en avait pas besoin puisque, loin d'aller contre les désirs de ce prince, il les favorisait, aussi sérieusement que possible, de sa parole et de ses exhortations.

𝕰𝖝𝖕𝖑𝖎𝖈𝖎𝖙.

Ci encommence
Li Diz de la Voie de Tunes [1].

Ms. 7633.

DE corrouz & d'anui, de pleur et d'amiſtié
Eſt toute la matière dont je tras mon ditié :
Qui n'a pitié en ſoi bien at Dieu fors getié,
Vers Dieu ne doit trouveir amour ne amiſtié.

5 Évangeliſtre, apoſtre, martyr & confeſſeur
Por Jhéſu-Crit ſoffrirent de la mort le preſſeur :
Or vos i gardeiz bien, qui eſtes ſucceſſeur,
Con n'at pas paradyx cens martyre pluſeur.

Onques en paradix n'entra n'uns fors par poinne,
10 Por c'eſt-il foulz cheitis qui por l'arme ne poinne.
Cuidiez que Jhéſu-Cris en paradyx nos mainne
Por norrir en délices la char n'eſt pas ſaïnne !

Sainne n'eſt-ele pas, de ce ne dout-je point :

1. Cette pièce, ainsi que son titre l'indique, est relative à la seconde croisade de saint Louis. Elle a dû être composée, comme le prouvent les strophes elles-mêmes, avant le départ du roi, ou du moins aux approches de ce départ, c'est-à-dire de 1269 à 1270.

Or est chaude, or est froide, or est soeiz, or point.
15 Jà n'iert en .i. estat ne en un certain point ;
Qui sert Dieu de teil char n'aime-il bien s'arme à poin

A point la moinne-il bien à cèle grant fornaize,
Qui est dou puis d'enfer où jà n'uns n'aura aise.
Bien se gart qui i vat, bien se gart qui i plaise,
20 Que Dieux ne morra plus por nule arme mauvaise.

Dieux dist en l'Évuangile : « Se li preudons féust
A queil heure li lerres son fuel chavéir deust,
Il veillast por la criente que dou larron éust,
Si bien qu'à son pooir de rien ne li néust[1]. »

25 Ausi ne savons-nos quant Dieuz dira : « Veneiz ;
Qui lors est mal garniz, mult iert mal aseneiz ;
Car Dieux li sera lors com lions forceneiz :
Vos ne vos preneiz garde, qui les respis preneiz.

Li Rois ne le prent pas, cui douce France est toute,
30 Qui tant par ainme l'arme que la mort n'en redoute
Ainz va par meir requerre cele chiennaille gloute :
Jhésu-Chriz, par sa grâce, si gart lui & sa route.

Prince, prélat, baron, por Dieu preneiz ci garde ;
France est si grace terre, n'estuet pas c'om la larde.
35 Or la vuet cil laissier qui la maintient & garde
Por l'amor de celui qui tout a en sa garde

---

1. *Néust*, nuisit.

Désormais se déust li preudons séjorneir
Et toute s'atendue à séjour atourneir :
Or vuet de douce France & partir & torneir :
40 Dieux le doint à Paris à joie retorneir !

Et li cuens de Poitiers, qui .i. pueple souztient,
Et qui en douce France si bien le sien leu tient
Que .xv. jors vaut miex li leux par où il vient,
Il s'en va outre meir, que riens ne le detient.

45 Plus ainme Dieu que home qui emprent teil voiage
Qui est li souverains de tout pélerinage
Le cors mettre à essil & meir passer à nage
Por amor de celui qui le fist à s'ymage.

Et messires PHELIPES[1] & li boens cuens d'Artois[2],
50 Qui sunt preu & cortois & li cuens de Nevers[3]
Refont en lor venue à Dieu biau serventois :
Chevaliers qui ne fuit ne pris pas .i. Nantois,

Li boens rois de Navarre[4], qui lait si bèle terre
Que ne sai où plus bele puisse-on troveir ne querre,
55 Mais hom doit tout laissier por l'amor Dieu conquerre :
Ciz voiages est cleis qui paradix desserre.

1. Philippe, surnommé depuis *le Hardy*, fils de saint Louis.
2. Robert, comte d'Artois, frère du roi.
3. Tristan, comte de Nevers, frère de Philippe.
4. Thibaut V. (Voyez la pièce intitulée : *La Complainte au roi de Navarre.*)

Ne prent pas garde à choze qu'il ait éu à faire ;
S'a-il affeiz éu & anui & contraire :
Mais fi con Dieux trouva faint Andreu débonère,
60 Trueve-il le roi THIEBAUT doulz & de boen afère [1].

Et li dui fil le Roi & lor couzins germains,
Ce eft li cuens d'Artois, qui n'eft mie dou mains,
Revont bien enz dézers laboreir de lor mains,
Quant par meir vont requerre Sarrazins & Coumains [2]

65 Tot foit qu'à moi bien fère foient tardiz & lans,
Si ai-je de pitié por eulz le cuer dolant ;
Mais ce me réconforte (qu'iroie-je celant ?)
Qu'en lor venues vont, en paradix volant.

Saint Jehans efchiva compaignie de gent,
70 En fa venue fift de fa char fon ferjant ;
Plus ama les défers que or fin ne argent,

---

1. Thibaut V, etc., de Champagne et roi de Navarre, qui mourut à Trapani en 1270, le 4 décembre, au retour de l'expédition. (Voy. la *Complainte* de Rutebeuf sur ce prince.)

2. Rutebeuf commet ici une omission. Louis IX n'emmena pas seulement avec lui deux de ses fils, Philippe et Tristan, nommés plus haut, il emmena encore le troisième, Pierre d'Alençon. — Par le mot *Coumins*, Rutebeuf entend les *Karifmins* ou *Korafmins*, dont j'ai parlé à propos de *la Complainte d'outre-mer*. M. Paulin Paris fait observer avec raison qu'il y a ici une sorte de reproche adressé par le poëte aux princes qui ne récompensaient pas assez vite son zèle patriotique et religieux.

LI DIZ DE LA VOIE DE TUNES. 165

Qu'orgueulz ne l'i alaſt ſa vie damagent.

Bien doit ameir le cors qui en puet Dieu ſervir,
Qu'il en puet paradix & honeur deſervir.
75 Trop par ainme ſon aiſe qui lait l'arme aſervir
Qu'en enfer fera ferve par ſon fol meſſervir.

Veiz-ci mult biau ſermon : li Rois va outre-meir
Pour celui Roi ſervir où il n'a point d'ameir.
Qui ces .ij. rois vodra & ſervir & ameir,
80 Croize ſoi, voit après : mieulz ne puet-il ſemeir.

Ce dit cil qui por nos out aſſeiz honte & lait :
« N'eſt pas dignes de moi qui por moi tot ne lait.
« Qu'après moi vuet venir, croize ſoi, ne délait ;
« Qui après Dieux n'ira mal fu norriz de lait. »

85 Vauvaſeur, bacheiler plain de grant non-ſavoir,
Cuidiez-vos par deſà pris ne honeur avoir ?
Vous vous laireiz morir & porrir voſtre avoir,
Et ce vos vos moréiz, Diex nou quiert jà s'avoir.

Dites, aveiz-vos plèges de vivre longuement ?
90 Je voi aucun riche home faire maiſonnement ;
Quant il a aſſouvi treſtout entièrement
Se li fait-on .i. autre de petit couſtement [1]

---

1. M. de Lamartine a dit :

« Il est là, sous trois pas un enfant le mesure, »

et Montaigne : « Il n'y a pas d'homme si grand que six pieds de terre ne lui fassent raison. »

Jà coars n'enterra en paradyx céleftre,
Si n'eft n'uns fi coars qui bien n'i vouxift eftre,
95 Mais tant doutent mefaize & à guerpir lor eftre,
Qu'il en adoffent Dieu & metent à féneftre.

Dès lors que li hons naît a-il petit à vivre;
Quant il a .xl. ans, or en a mains on livre.
Quant il doit fervir Dieu fi s'aboivre & enyvre :
100 Jà ne fe prendra garde tant que mors le délivre.

Or eft mors, qu'a-il fait qu'au fiècle a tant eftei ?
Il a deftruíz les biens que Dieux li a preftei :
De Dieu ne li fouvint ne yver ne eftei ;
Il aura paradix, ce il l'a conqueftei.

105 Foulz eft qui contre mort cuide troveir deffence;
Des biaux, des fors, des fages fait la mort fa defpance :
La mors mort Abfalon & Salomon & Sance [1] ;
De légier defpit tout qu'adès à morir pance.

Et vos à quoi penceiz qui n'aveiz nul demain,
110 Et qui à nul bien faire ne voleiz metre main ?
Se hom va au mouftier vos dites : « Je remain; »
A Dieu fervir dou voftre ieftes-vos droit Romain.

Se hom, va au mouftier la n'aveiz-vos que faire ;
N'eft pas touz d'une pièce, toft vos porroit maufaire
115 A ceux qui i vont dites qu'ailleurs aveiz à faire :

---

1. *Sance,* Samson.

Sans oïr meſſe ſunt maint biau ſerf embiaire.

Vous vous moqueiz de Dieu tant que vient à la mort;
Si li crieiz merci lors que li mors vos mort
Et une conſciance vos reprent & remort :
120 Si n'en ſouvient nelui tant que la mors le mort.

Gardeiz dont vos veniſtes & où vous revandroiz :
Diex ne fait nelui tort, n'eſt n'uns juges ſi droiz.
Il eſt ſires de loiz & c'eſt maîtres de droiz ;
Toz jors le trovereiz droit juge en toz endroiz.

125 Li beſoins eſt venuz qu'il a meſtier d'amis ;
Il ne quiert que le cuer de quanque en vos a mis.
Qui le cuer li aura & donei & promis,
De reſouvoir ſon reigne c'eirt mult bien entremis.

Li mauvais demorront, ne's convient pas eſlire,
130 Et c'il ſunt hui mauvais il feront demain pire ;
De jour en jour iront de roiaume en empire[1],
Se nos ne's retrouvons ſi n'en ferons que rire.

Li Rois qui les trois rois en Belléem conduit,
Conduie touz croiſiez qui à mouvoir ſunt duit,
135 Qu'oſteir au ſoudant puiſſent & joie & déduit,
Si que bonnes en ſoient & notes & conduit !

1. Voyez les premiers vers de *la Paiz de Rutebeuf.*

𝔈𝔵𝔭𝔩𝔦𝔠𝔦𝔱.

Ci encoumence

Li Diz de Puille [1].

Ms. 7633.

IL Damediex qui fist air, feu, & terre & meir
Et qui por nostre mort senti le mors ameir
Il doint saint paradix qui tant fait à ameir
A touz ceulz qui orront mon dit sans diffame

---

1. Nous avons vu Rutebeuf prêchant la croisade de Syrie en 1265. Nous le voyons, la même année, dans cette pièce et la suivante, prêchant la guerre d'Italie entreprise par Charles d'Anjou.

Je ne puis résister au plaisir de citer ici un éloquent passage de feu M. Michelet, t. III, de son *Hist. de France*, à propos de la guerre dont Rutebeuf se montre un si zélé partisan : « La Syrie n'avait pas de pitié à attendre de Charles d'Anjou. Cette île, à moitié arabe, avait tenu opiniâtrement pour Manfred et sa maison. Toute insulte que les vainqueurs pouvaient faire subir au peuple sicilien, ne leur semblait que représailles ;..... mais ce qui menaçait d'en augmenter le poids chaque jour davantage, c'était un premier, et habile essai d'administration, l'invasion de la fiscalité, l'apparition de la finance dans ce monde de l'Orient et de l'Énéide. Ce peuple de laboureurs et de pasteurs avait gardé, sous toute domination, quelque chose de l'indépendance antique. Il y avait eu jusque-là des solitudes dans la montagne, des libertés dans le

5 De Puille eſt la matyre que je vuel coumancier
   Et dou Roi de Cézile, que Dieux puiſſe avancier !
   Qui vodrat elz ſainz cielz ſemance ſemancier
   Voiſſe aider au boen roi qui tant fait à priſier.

   Li boens Rois eſtoit cuens d'Anjou & de Provance,
10 Et c'eſtoit filz de roi, frères au roi de France.
   Bien pert qu'il ne vuet pas faire Dieu de ſa pance,
   Quant por l'arme ſauveir met le cors en balance[1].

désert ; mais voilà que le fisc explore toute l'île. Curieux voyageur, il mesure la vallée, escalade le roc, effleure le pic inaccessible ; le percepteur dresse son bureau sous le châtaignier de la montagne ; on poursuit, on enregistre le chevrier errant aux corniches des rocs, entre les laves et les neiges. » « Nous avions « cru, dit Barthélemi de Néocastre, recevoir un roi « du père des pères ; nous avions reçu l'antechrist. »

« .... Voilà le sort de la Sicile depuis tant de siècles. C'est toujours la vache nourrice, épuisée de lait et de sang par un maître étranger. Elle n'a eu d'indépendance, de vie forte, que sous ses tyrans, les Denys, les Gélons. Eux seuls la rendent formidable au dehors. Depuis, toujours esclave. C'est chez elle que se sont décidées toutes les grandes questions du monde antique : Athènes et Syracuse, la Grèce et Carthage, Carthage et Rome ; enfin, les guerres civiles. Toutes ces batailles solennelles du genre humain ont été combattues en vue de l'Etna, comme un jugement de Dieu par devant l'autel ! »

1. Charles Ier d'Anjou, roi de Naples, né en 1220, fils de Louis VIII et de Blanche de Castille. Lors de la première croisade, il accompagna son frère (Louis IX), avec lequel il fut fait prisonnier. Il mourut en l'an 1285.

Or preneiz à ce garde, li groz & li menu,
Que puis que nos fôns nei & au fiècle venu,
15 S'avons-nos pou à vivre ; s'ai-je bien retenu,
Bien avons mains à vivre quant nos fommes cher

Conquérons paradix quant le poons conquerre
N'atendons mie tant meflée foit la ferre.
L'arme at tantoft fon droit que li cors eft en terre
20 Quant fentance eft donée noians eft de plus quer

Dieux done paradix à touz ces biens voillans :
Qui aidier ne li vuet bien doit eftre dolanz.
Trop at contre le Roi d'YAUMONS & d'AGOULANS[1]

[1]. *Le roman d'Agoullant, -d'Hyaumont* ou *d'Aspremont,* car il porte ces trois noms, fait partie des romans des *douze Pairs*. La Bibliothèque nationale en possède deux exemplaires. Cette chanson de geste, dont l'auteur est inconnu, s'ouvre par l'arrivée d'un message à Charlemagne de la part d'*Agoullant*, roi d'Aspremont, ville située bien au-delà de la Pouille et de la Calabre, selon le romancier. Ce messager, qui a nom Belan, annonce à Charlemagne que s'il ne veut pas rendre hommage à *Agoullant*, celui-ci viendra le chercher avec *vii. c. m. Turquiens* (sept cent mille Sarrasins), et qu'il ravagera toute la chrétienté, car

> Quanque Alixandre conquit en fon aage,
> Viaut-il tenir : c'eft de fon érirage.

L'empereur, comme on le pense bien, reçoit ces paroles avec mépris ; mais il traite généreusement le messager et le comble de présents.

De retour auprès de son maître, le messager rend compte de sa mission. Pendant ce temps Charlema-

Il at non li rois Charles : or li faut des Rollans [1].

gne, afin d'accomplir sa parole, écrit à tous les princes ses voisins, entre autres à Ogier-le-Danois, à Girart d'Euphraite, duc de Bourgogne, etc., les priant de l'aider dans l'expédition qu'il projette, en leur faisant entendre que s'ils le laissent sans secours et qu'il soit vaincu par les Sarrasins, eux-mêmes ne tarderont pas à être subjugués. Ces princes ne demandent pas mieux que de combattre les infidèles. Ils viennent en personne joindre l'empereur, et aussitôt que l'armée est réunie, elle se dirige vers Aspremont, qu'elle assiége. Là de grands combats ont lieu. Roland, qui est jeune encore, se fait *adouber* chevalier par l'empereur son oncle : on lui ceint, pour la première fois, *Durandart*, cette épée, *la plus belle et la meillure d'oevre qui oncques fuſt*, selon la *Chronique de Turpin*, et le héros ouvre la carrière de ses exploits en tuant *Hyaumont*, fils cadet d'*Angoullant*, dont celui-ci, dans son audacieux message, avait dit à Charlemagne qu'il ferait un roi de Rome.

Enfin, les troupes d'*Agoullant* sont vaincues; lui-même est sur le point de périr quand le duc Clares, touché de pitié, lui offre de racheter sa vie en se faisant baptiser. *Agoullant* refuse, et, armé d'une hache, s'élance sur son ennemi, qu'il frappe violemment ; mais le coup, mal ajusté, ne brise que l'écu de Clares et ne tue que son cheval. Le duc, irrité, n'écoute plus que sa colère ; il se précipite sur *Agoullant* et le perce de son épée. Telle est à peu près l'histoire à laquelle Rutebeuf fait allusion.

1 Adam de la Halle a dit de Charles d'Anjou, à la même époque, dans la pièce intitulée : *C'est du Roi de Seʒile* :

« S'encore fuſt Charles en Franche le roial,
Encore trouvaſt-on Rolant & Parcheval. »

Cette pensée est exactement celle qui termine un

25 Sains Andreuz favoit bien que paradix valoit
Quant por crucefier à fon martyre aloit.
N'atendons mie tant que la mors nos aloit,
Car bien ferions mort fe teiz dons nos failloit.

Cilz fiècles n'eft pas fiècles, ainz eft chans de batai
30 Et nos nos combatons à vins & à vitaille.
Aufi prenons le tens com par ci le me taille ;
S'acréons feur noz armes & metons à la taille.

Quànt vanra au paier coument paiera l'arme
Quant li cors folon Dieu ne moiffone ne fame
35 Se garans ne li eft Dieux & la douce Dame,
Gezir les convanra en parmenable flame.

Pichéour vont à Roume querre confeffion
Et laiffent tout encemble avoir & manfion
Si vont fors pénitance, ci at confufion,
40 Voifent .i. pou avant, f'auront rémiffion.

Bien eft foulz & mauvais qui teil voie n'emprent
Por efcheveir le feu qui tout adès emprant.
Povre eft fa conciance quant de non reprent,
Pou prife paradix quant à ce ne fe prent.

sonnet où Scévole de Sainte-Marthe parle du poëte Desportes :

> Il paroît bien qu'alors que ce poëte écrivoit
> Un prince tel qu'Augufte en la France vivoit,
> Puifqu'il fit de fon temps renaître des Virgiles.

Gentilz cuens de Poitiers, Diex & fa douce Meire
Vous doint faint paradyx & la grant joie cleire!
Bien li aveiz montrei loiaul amour de frère,
Ne vos a pas tenù convoitize la neire.

Bien i meteiz le voftre, bien l'i aveiz jà mis;
Bien monftreiz au befoing que vos ieftes amis :
Se chacuns endroit foi c'en fuft fi entremis,
Ancor oan éuft CHARLES mult moins d'anemis.

Prions por le roi CHARLE ; c'eft por nos maintenir,
Por Dieu & fainte Églize c'eft mis au convenir.
Or prions Jhéfu-Crit que il puift avenir
A ce qu'il a empris, & fon oft maintenir.

Prélat, ne grouciez mie dou dizéime paier,
Mais priez Jhéfu-Crit qu'il pance d'apaier;
Car fe ce n'a meftier, fachiez fanz délaier
Hom panrra à méimes : fi porroiz abaier [1].

1. Il y eut, en effet, un décime de levé pour les frais de l'entreprise de Charles d'Anjou, par les soins de Simon de Brie, alors légat en France et cardinal ; mais il paraît que le clergé n'en fut pas trop content.

𝕰𝖝𝖕𝖑𝖎𝖈𝖎𝖙.

Ci encoumence

La Chansons de Puille [1].

Mss. 7633.

Qu'a l'arme vuet doner fantei
Oie de Puille l'errement;
Diex a fon règne abandonei,
Li fien le nos vont préfentant
5 Qui de la terre ont farmonei.
Quanques nos avons meferrei
Nos iert par la croix pardonei:
Ne refufons pas teil préfent.

Jone gent, qu'aveiz empencei?
10 De quoi vos iroiz-vos vantant?
Quant vos fereiz en vieil aei
Qu'ireiz-vos à Dieu reprouvant
De ce que il vos a donei
Cuer & force, & vie & fantei?
15 Vos li aveiz le cuer oftei,
C'eft ce qu'il vuet tant feulement.

1. Cette pièce est évidemment de la même date que la précédente.

Au fiècle ne fons que preftei
Por veoir voftre efforcement ;
Nos n'avons yver ne eftei
20 Dont aions afféurement ;
Si avons jà grant pièce eftei,
Et qu'i avons conqueftei
Dont l'arme ait nule féurtei ?
Je n'i vois fors defpérement.

25 Or ne foions défefpérei,
Crion merci hardiement,
Car Dieux eft plains de charitei
Et piteuz juqu'au jugement ;
Mais lors aura-il toft contei
30 Un conte plein de grant durtei :
« Venez, li buen, à ma citei ;
Aleiz, li mal, à dampnement [1]. »

Lors feront li fauz cuer dampnei
Qui en ceft fiècle font femblant
35 Qu'il foient plain d'umilitei
Et fi boen qu'il n'i faut noiant,

1. Thibaut de Navarre, le chansonnier, a exprimé
à peu près la même pensée dans ces vers :

> Diex fe laiffa por nos en crois pener,
> Et nos dira au jour où tuit venront :
> « Vos ki ma crois m'aidaftes à porter,
> Vos en irez là où li angèle font :
> Là me verrez & ma mère Marie ;
> Et vos par qui je n'oi onques aïe,
> Defcendez tuit en infer le parfont.

Et il font plain d'iniquitei ;
Mais le fiècle ont fi enchantei
C'om n'oze dire véritei
40 Ce c'on i voit apertement.

Clerc & prélat qui aünei
Ont l'avoir & l'or & l'argent,
L'ont-il de lor loiaul chatei ?
Lor pères en ot-il avant ?
45 Et lorfque il font trefpaffei,
L'avoir que il ont amaffei
Et li ombres d'un viez foffei
Ces .iij. chozes ont .i. femblant.

Vaffeur qui eftes à l'oftei,
50 Et vos li bacheleir errant,
N'aiez pas tant le fiècle amei,
Ne foiez pas fi non-fachant
Que vos perdeiz la grant clartei
Des cielz qui eft fanz ofcurtei.
55 Or varra-hon voftre bontei :
Preneiz la croix, Diex vos atant.

Cuens de Blois, bien aveiz errei[1]
Par defai au tornoiement :
Dieux vos a le pooir preftei,
60 Ne faveiz com bien longuement.

1. Ce comte de Blois est Jean, fils de Hugues de Châtillon. Il est question de ce prince dans *La Complainte ou Conte de Nevers*.

Montreiz-li fe l'en faveiz grei,
Car trop eſt plainz de nicetei [1]
Qui por .i. pou de vanitei
Lairat la joie qui ne ment.

1. *Nicetei,* folie, simplicité. — Il existe sur ce mot une petite pièce intitulée *De Niceroles.* On la trouve dans mon *Recueil de Contes et de Fabliaux.*

Explicit.

De la

Descorde de l'Université et des Jacobins[1].

Mss. 7218, 7615, 7633.

Rimer m'eſtuet d'une deſcorde
Qu'à Paris a ſemé Envie
Entre gent qui miſéricorde
Sermonent & honeſte vie.

1. Cette pièce est relative aux dissensions qui font le sujet de la complainte de *Guillaume de Saint-Amour*, dissensions commencées en 1253, mais qui ne s'éteignirent que longtemps après. Elle est postérieure au *Diz de l'Universitei de Paris*. Voici l'explication des faits qu'elle relate. A la suite des désordres dont parle le *Diz de l'Universitei*, cette dernière avait fermé ses classes et interrompu ses leçons. Les Dominicains, que la querelle des écoliers et des bourgeois ne regardait pas, laissèrent ouverts les deux enseignements dont ils jouissaient depuis leur fondation. L'Université voulut les obliger à licencier leurs élèves. Les Dominicains en appelèrent au Roi d'abord, remplacé par le comte de Poitiers pendant son absence, puis à Rome. C'est à ce moment, ou du moins quand les bruits de leur protestation revinrent de Rome à Paris, que Rutebeuf écrivit sa pièce. On voit, par les derniers vers de la seconde strophe, que la

5   De foi, de pais & de concorde
    Eſt lor langue mult replenie,
    Mès lor manière me recorde
    Que dire & fère n'i ſoit mie.

    Sor Jacobins eſt la parole
10 Que je vos vueil conter & dire,
    Quar chaſcuns de Dieu nous parole
    Et ſi deffent corouz & ire ;
    Et c'eſt la riens qui l'âme afole,
    Qui la deſtruit & qui l'empire :
15 Or guerroient por une eſcole
    Où il vuelent à force lire [1].

    Quant Jacobin vindrent el monde,
    S'entrèrent chiés Humilité :
    Lors eſtoient & net & monde
20 Et ſ'amoient Divinité ;
    Mès Orguex, qui toz biens eſmonde,
    I a tant mis iniquité

querelle n'était point encore terminée, qu'elle était pendante auprès du pape, et que par conséquent cette pièce a dû être écrite vers 1254, et, en tout cas, avant le 12 avril 1255, date de la bulle qui accorda à tous les religieux le droit d'ouvrir des chaires.

1 Il s'agissait en effet de réduire les ordres religieux, qui, profitant de la faute qu'avait commise l'Université de cesser ses leçons, avaient érigé des chaires où ils enseignaient la théologie aux laïques, chacun à une chaire publique, ainsi que je l'ai dit à la note K du deuxième volume de ma première édition de *Rutebeuf*.

Que par lor grant chape roonde
Ont verſé l'Univerſité [1].

25 Chaſcuns d'els déuſt eſtre amis
L'Univerſité voirement,
Quart l'Univerſité a mis
En els tout le bon fondement,
Livres, deniers, pains & demis [2];
30 Mès or lor rendent malement,
Quar cels deſtruit li anemis
Qui plus l'ont ſervi longuement.

Miex lor veniſt, ſi com moi membre [3],
Qu'alevez ne'ſ éuſſent pas :
35 Chaſcuns à ſon pooir deſmembre
La meſnie ſaint Nicholas,

1. Les Jacobins, dans le premier temps de leur fondation, afin de vaquer plus librement à la prédication, avaient résolu de n'avoir ni fonds de terre ni revenus. Ils ne tardèrent pas à manquer à cette résolution, et leur ordre devint si considérable qu'on fut obligé de le diviser, comme un royaume, en quarante-cinq provinces. L'ordre de Saint-Dominique a fourni trois papes, plus de soixante cardinaux, près de cent cinquante archevêques et environ huit cents évêques.

2. Lors de l'arrivée des Jacobins à Paris, l'Université leur donna une maison qui lui appartenait, et qui était située vis-à-vis l'église Saint-Étienne-des-Grès, ne leur demandant, pour toute reconnaissance, que des prières et le droit de sépulture chez eux. Il est probable qu'elle ajouta à ce don ceux dont parle Rutebeuf.

3. Ms. 7633. Var. semble.

L'Université ne fi membre
Qu'ils ont mife du trot au pas,
Quar tel herberge-on en la chambre
40 Qui le feignor gète du cas [1].

Jacobin font venu el monde
Veftu de robe blanche & noire :
Toute bontez en els abonde,
Ce puet quiconques voudra croire.
45 Se par l'abit font net & monde,
Vous favez bien, ce eft la voire;
S'uns leus avoit chape roonde
Si refambleroit-il provoire [2].

Se lor oevre ne fe concorde
50 A l'abit qu'amer Dieu devife,
Au recorder aura defcorde
Devant Dieu au jor du juife ;
Quart fe Renart çaint une corde
Et veft une cotele grife,
55 N'en eft pas fa vie mains orde :
Rofe eft bien for efpine affife [3].

1. Lafontaine a dit :

> Laissez-leur prendre un pied chez vous,
> Ils en auront bientôt pris quatre.

2. *Provoire*, prêtre, *provisor*.
3. Ce dernier trait tombe sur les Cordeliers, qui étaient vêtus de drap *gris* et *ceints d'une corde*, ce qui leur avait fait donner leur nom.

Il puéent bien eftre preudomme :
Ce vueil-je bien que chafcuns croie ;
Mès ce qu'il pledoient à Romme
60 L'Univerfité m'en defvoie [1].
Des Jacobins vous di la fomme :
Por riens que Jacobins acroie,
La peléure d'une pomme
De lor dete ne paieroie.

1. On voit par ce vers, et par celui de la troisième strophe où Rutebeuf dit que les Jacobins ont renversé l'Université, que cette pièce n'a dû être composée que sur la fin de leurs dissensions, lorsqu'on commença à voir clairement que l'Université était vaincue.

Explicit
la Descorde de l'Université et des Jacobins.

Ci encoumence

Li Diz de l'Universitei de Paris [1].

Ms. 7633.

RIMEIR me convient d'un contens
Où hon a mainz divers contens
Despendu & despendera :
Jà siècles n'en amendera.

[1] M. Paulin Paris regarde cette pièce comme l'une des plus anciennes de Rutebeuf, et dit « qu'on doit se reporter aux soulèvements des écoliers en 1250. » J'avais eu l'idée, dans ma première édition, qu'elle pouvait être relative aux dissensions qui eurent lieu entre les écoliers, en 1266, *surtout dans les Facultés des arts*. Il y eut alors de véritables combats entre les anciens autres condisciples et leurs chefs. Ces troubles recommencèrent en 1268, et ils allèrent si loin, que l'évêque de Paris, Étienne Templiet, fut obligé d'avoir recours à l'excommunication.

Mais, enfin, il y eut aussi, je le signalai moi-même, des troubles en 1251, et je me garderai bien de vouloir absolument que M. Paris ait tort. Au reste, ces désordres étaient fréquents. En 1218, l'official avait été obligé de rendre une sentence contre des écoliers ou soi-disant tels (*vitam scholosticam se ducere fingentes*). En 1223, même histoire. Seulement, on mit quelques-uns des coupables en prison, et même l'offi-

5   Li clerc de Paris la citei
    (Je di de l'Univerſitei,
    Nouméement li arcien,
    Non pas li preudoms ancien)

cial alla plus loin, selon Du Bellay, car *quosdam exterminavit.*

En 1229, grande querelle encore entre les écoliers et les bourgeois. La reine Blanche se fâche, et, dit Mathieu Paris, *muliebri procacitate simul et impetu mentis agitata.* Elle envoie ses archers mettre le hola. Quelques écoliers sont tués. L'Université demande justice. On la lui refuse. Alors maîtres et professeurs ferment les écoles et se dispersent à Angers, à Rouen, à Orléans; mais tous, en se retirant, n'avaient qu'un seul sentiment : *Legatum romanum execrabant, reginæ muliebrem maledicebant superbiam, imo eorum infamem concordiam.* L'historien anglais va plus loin encore. Il ajoute : « *Recedentium quidam faventi, vel illi quos solemus gailliardenses appelare, versus ridiculos componebant dicentes :* »

« Heu! moriunt ſtrati, merſi, ſpoliati;
Mens mala legati nos facit iſta pati. »

J'ajoute, pour l'intelligence de ce passage, mais seulement à titre de rumeur du temps, que la reine, calomniée sans doute, passait pour avoir des relations avec le cardinal Saint-Ange, et que c'est ainsi qu'on pouvait dire d'elle qu'elle était le *mauvais esprit du légat* (*mens mala legati*).

M. Paris, outre ce que j'ai déjà cité de lui à propos de cette pièce, dit encore « qu'elle est pleine de bons sens et de réflexions judicieuses; — qu'elle contient des passages offrant un grand intérêt historique, et qui font honneur à Rutebeuf. » Je souscris volontiers à ces paroles.

Ont empris .i. contans encemble.
10 Jà bien n'en vanrra, ce me cemble,
Ainz en vanrra mauz & anuiz,
Et vient jà de jors & de nuiz.
Eſt or ce bien choze faiſant ?
Li filz d'un povre païſant
15 Vanrra à Paris por apanre :
Quanques ces pères porra panrre,
En un arpant ou .ij. de terre,
Por pris & por honeur conquerre,
Baillera treſtout à ſon fil,
20 Et il en remaint à eſcil.
Quant il eſt à Paris venuz
Por faire à quoi il eſt tenuz
Et por mener honeſte vie,
Si beſtorne la prophétie.
25 Gaaing de ſoc & d'aréure
Nos convertit en arméure ;
Par chacune rue regarde
Où voie la bele muſarde.
Partout regarde, partout muze ;
30 Ces argenz faut, & ſa robe uze :
Or eſt tout au recoumancier.
Ne fait or boen ci ſemancier
En quareſme, que hon doit faire
Choze qui à Dieu doie plaire.
35 En lieu de haires, haubers veſtent,
Et boivent tant que il ſ'enteſtent.
Si font bien li troi ou li quatre
Quatre cens eſcoliers combatre,

Et cesseir l'Universitei :
40 N'a ci trop grant aversitei.
Diex ! jà n'est-il si bone vie,
Qui de bien faire auroit envie,
Com ele est de droit escolier !
Ils ont plus poinne que colier,
45 Por que il vuelent bien aprendre ;
Il ne puéent pas bien entendre
A seoir asseiz à la table.
Lor vie est ausi bien metable
Com de nule religion :
50 Por quoi lait hon sa région
Et va en estrange païs :
Et puis si devient foulz naïz,
Quant il i doit aprendre sens ?
Si pert son aveir & son tens,
55 Et c'en fait à ces amis honte,
Mais il ne seivent qu'oneurs monte.

Explicit.

Les Ordres de Paris [1].

Mss. 7615, 7633.

En non de Dieu l'esperité
Qui treibles est en unité
Puissé-je commencier à dire
Ce que mes cuers m'a endité;
5 Et ce je di la vérité,

1. Cette pièce n'a pas de titre dans le Ms. 7633. Elle a été imprimée dans le recueil de *Contes et Fabliaux*, publié par Barbazan et Méon, t. II, p. 293, édit. de 1808. On lit à son propos et au sujet de la *Chanson des Ordres*, ce qui suit dans le *Discours de M. Daunou Sur l'état des lettres au treizième siècle* (t. XVI, de l'*Hist. littér. de la France*) : « Les cris ou crieries de Paris ont fourni à Guillaume de la Villeneuve la matière de cent-quatre-vingt-quatorze vers qui retracent d'anciens usages, soixante-neuf vers anonymes contiennent la liste des Moustiers, c'est-à-dire des monastères ou plutôt des églises de la capitale. On y voit qu'au commencement du règne de Philippe-le-Bel, le nombre de ces édifices était de soixante-et-onze ; mais Rutebeuf ne s'est point borné à de simples nomenclatures, dans sa chanson sur les *Ordres de Paris*, non plus que dans la pièce en cent soixante-huit vers sur ces mêmes *Ordres* ; il entend

N'uns ne m'en doit tenir à pire.
J'ai coumencié ma matire
Sur cest fiècle, qu'adès empire,
Où refroidier voi charité ;
10 Aufis f'en vont fans avoir mire
Là où li diables les tire
Qui Dieu en a déférité.

Par maint famblant, par mainte guile
Font cil qui n'ont ouvraingne aprife
15 Par qu'ils puiffent avoir chevance ;

par ce mot les couvents d'hommes et de filles. Il n'était pas homme à traiter un pareil sujet sans se livrer à son humeur satirique. »

M. Paulin Paris qualifie cette pièce de « *satire de circonstance, faite à la demande des écoliers et que semble excuser la liberté des jours qui précèdent le Carême.* » N'en déplaise au savant académicien, rien ne prouve qu'elle ait été composée à la requête des écoliers, et elle ne se ressent pas plus du mardi-gras que les pièces qui la suivent ou qui la précèdent. Ce sont les mêmes reproches, les mêmes invectives, que nous retrouvons çà et là dans les œuvres de Rutebeuf, ainsi que dans la plupart des trouvères de cette époque. Je dis ailleurs (par conjecture), pourquoi notre poëte s'y montre si modéré envers les écoliers. (Voy. la pièce intitulée : *Les Plaies du monde.*) Cette pièce est, selon toute probabilité, de l'an 1260, car il y est fort question des querelles de ce temps-là; d'autre part, notre poëte y lance un brocard assez malicieux aux *béguines* établies à Paris en 1258 seulement, ainsi qu'aux *Quinze-Vingts* fondés par saint Louis à la même époque.

LES ORDRES DE PARIS. 189

Li un vestent coutelle grise [1]
Et li autre vont sans chemise [2] :
Si font savoir lor pénitance.
Li autre par fauce semblance
20 Sont signeur de Paris en France ;
Si ont jà la cité pourprise.
Diex gart Paris de meschéance
Et la gart de fauce créance,
Qu'ele n'a garde d'estre prise !

25 Li Barré [3] sont près des Béguines :

1. Les Cordeliers, qui étaient habillés de gros drap gris, avec un capuchon et un manteau de même couleur.

2. Les Jacobins. (Voyez la 10e strophe de la pièce intitulée : *Le Dit des Jacobins*, et, dans le premier volume du nouveau Recueil de Méon : *Le Dis de la vescie à prestre.*)

3. Ancien nom donné aux Carmes, parce que leurs habits étaient divisés par bandes blanches et noires, ou *barres* transversales. J'ajouterai que ces religieux tirent leur premier nom d'un monastère considérable qui existait sur le Mont-Carmel. Ils furent établis en France par saint Louis, en 1254, au retour de son premier voyage en Terre-Sainte, ainsi que le prouve une lettre de Philippe-le-Bel de l'an 1322, à laquelle on pourra désormais ajouter les vers de Rutebeuf. Les *Barrés* demeurèrent d'abord à l'endroit qui fut nommé plus tard *les Célestins*, et qui est aujourd'hui une caserne. C'était alors un lieu fort étroit, avec une église fort basse, un cimetière et quelques petits jardins. Ils en sortirent au bout de 58 ans, après avoir démontré à Philippe-le-Long qu'ils

xxix. en ont à lor voisines
(Ne lor faut que passer la porte)
Que par auctorités devines,
Par essamples & par doctrines
30 Que li uns d'aus à l'autre porte,
N'ont povoir d'aler voie torte.
Honeste vie les desporte
Par jeûnes & par deceplines,
Et li uns d'aus l'autre conforte :
35 Qui tel vie a ne s'en ressorte,
Quar il n'a pas gite sans signes.

L'ordre as Béguines est légière [1] ;

étaient trop loin de l'Université, dont ils ne pouvaient suivre les leçons, et que chaque hiver leur communauté, qui était située sur le bord de la rivière, courait risque d'être emportée par les eaux. Ils furent transportés à la place Maubert ; mais jusque-là, selon la maligne expression de Rutebeuf, on put dire d'eux : *Li Barré sont près des Béguines,* car ces religieuses demeuraient alors à côté d'eux, dans l'endroit qui, en 1461, fut nommé *l'Ave-Maria,* et dans lequel la reine Charlotte, deuxième femme de Louis XI, introduisit le tiers-ordre de Saint-François.

1. « De toutes les congrégations et communautés séculières, dit le Père Hélyot dans son *Histoire des ordres monastiques,* il n'y en a pas de plus ancienne que celle des Béguines ; car, soit qu'on rapporte leur origine à sainte Begghe, soit qu'on leur donne pour fondateur Lambert-le-Bègue, elles ont précédé toutes les autres. » Pierre Coens, chanoine d'Anvers, auquel on doit un petit livre intitulé : *Disquisitio historica*

Si vous dirai en quel manière :
En l'an ist bien por mari prandre ;
40 D'autre part qui baisse la chière
Et a robe large & plenière,
Si est Béguine sans li randre ;
Si ne lor puet-on pas deffandre
Qu'eles n'aient de la char tandre
45 S'eles ont .i. pou de fumière :
Se Diex lor vouloit pour ce randre
La joie qui est sans fin prandre,
Sains Lorans l'acheta trop chière [1].

de origine Beghinarum (1629), dit qu'elles se divisèrent d'abord en trois ordres, dont l'un vivait sans être astreint à aucune règle particulière, et tenait le milieu entre la vie séculière et la vie monastique. Il est probable que les Béguines établies à Paris par saint Louis en 1258 se rattachaient à cet ordre. Pierre Coens dit d'elles en effet : « *Virgines vestales romanæ umbram quamdam exhibent Beghinarum ; ad perpetuam enim castitatem non erant astrictæ, sed, evoluto certo tempore, licebat eis redecere et matrimonium inire.* Plus loin, il se demande si les Béguines jouiront dans la vie éternelle de l'auréole de gloire, et il n'ose répondre affirmativement, *quod institutum Beghinarum non requirat votum aut propositum perpetuæ castitatis, sed solum quo tempore erunt Beghinæ.* Ces paroles expliquent très-bien les reproches de Rutebeuf, et prouvent que les Béguines n'étaient pas, comme on l'a cru, un ordre de vierges.

1. On sait que ce saint, qui était diacre et trésorier de l'Église sous le pontificat de Sixte II, en 258, lors de la persécution de Valérien, fut déchiré à coups de

Li Jacobin font fi preudoume.
50 Qu'il ont Paris & fi ont Roume,
Et fi font roi & apoftole,
Et de l'avoir ont-il grant foume.
Et qui fe muert, fe il ne's noume
Pour exécuteurs, f'âme afole [1] :
55 Et font apoftre par parole.
Buer fu tés gent mife à efcole :
N'uns n'en dit voir, c'on ne l'afoume :
Lor haine n'eft pas frivole.
Je, qui redout ma tefte fole,
60 Ne vous di plus mais qu'il font home.

Se li Cordelier pour la corde
Puéent avoir le Dieu acorde,
Buer font de la corde encordé [2].
La Dame de miféricorde,
65 Ce dient-il, à eus f'acorde,

fouet par les mains du bourreau, et attaché ensuite à un gril de fer sous lequel on plaça des charbons ardents.

1. Ces vers de Rutebeuf viennent confirmer une allégation dont on n'était pas très-certain : les Jacobins, dès leur arrivée à Paris, furent accusés d'un esprit d'intérêt et d'avidité fort grand. Crevier, dans son *Histoire de l'Université*, dit : « Ils s'attiroient la confiance des mourants : legs pieux, droits même de sépulture, tout étoit pour eux. » Duboullay a écrit aussi la même chose. Rutebeuf, dans *le Dist des Jacobins*, revient encore sur ce reproche.

2. Le cordon de saint François, fondateur des Cordeliers, est devenu proverbial.

Dont jà ne feront defcordé;
Mais l'en m'a dit & recordé
Que tés montre au difne cors Dé
Semblant d'amour qui f'en defcorde :
70 N'a pas granment que concordé
Fu par un d'aux & acordei
Un livre dont je me defcorde [1].

L'ordre des Sas eft povre & nue,
Et fi pareft fi tart venue
75 Qu'à envis feront fouftenu [2].

1. Allusion à l'*Évangile éternel*, qui avait été prêché publiquement par les Cordeliers et qu'on attribuait à Jean de Parme, leur général. (Voyez *La Complainte de Conſtantinoble*.) Jean de Parme, afin d'éviter le scandale qui aurait flétri son ordre, lors de la condamnation du livre (ce qui fait croire qu'il pourrait bien en être l'auteur), fut obligé de se défaire de son généralat. Luc Wading, dans ses *Annales de l'ordre des Franciscains*, a cherché à le disculper du premier de ces faits en disant que l'auteur de l'*Évangile éternel* était un Jean de Parme autre que le général de l'ordre; mais cette raison est d'autant moins concluante qu'il n'allègue aucune preuve en sa faveur.

2. L'ordre des *Sacs*, ou des *Frères-Sachets*, en latin *ordo Saccorum, Fratres de Sacco, Saccati*, etc., fut établi à Paris par saint Louis, en 1261, dans la paroisse Saint-André-des-Arcs. Ce prince donna même au curé de cette paroisse, pour le dédommager des droits qu'il perdit en accordant aux Frères le droit d'avoir une église, 66 sous *parisis* de rente sur la prévôté. L'origine de cet ordre est fort obscure; mais ce qui prouve qu'il ne remontait pas haut, c'est que Ma-

Se dex ot teil robe veſtue
Com il portent parmi la rue,
Bien ont ſon habit retenu :
De ce lor eſt bien avenu.
80 Par un home ſont maintenu [1];
Tant comme il vivra Dex aiue !
Se mors le fet de vie nu,
Voiſent lai dont il ſont venu :
Si voiſt chaſcun à la charrue [2].

85 Li Rois a mis en .i. repaire,
Mais ne ſai pas bien por quoi faire,
Trois cens aveugles route à route [3].

thieu Paris, à l'année 1257, en parle comme d'un ordre de nouvelle création et jusque-là inconnu en Angleterre. (*Ignotus et non prævisus.*) *Le Mouſtier des Frères aux Sas*, comme dit la pièce intitulée : *Les Mouſtiers de Paris* (Méon, t. II, page 291), était situé à l'endroit où furent plus tard les Augustins après la dispersion des Sachets, ce qui serait à peu près aujourd'hui le bout du Pont-Neuf.

1. Ms. 7615. VAR. Souſtenu. — L'homme dont parle le poëte est le roi.

2. Rutebeuf répète souvent cette idée générale dans plusieurs de ses pièces.

3. Ms. 7615. VAR. toute à rote. — Vers 1258, saint Louis fonda l'hôpital des Quinze-Vingts dans une pièce de terre qu'il acheta exprès aux environs de la rue Saint-Honoré et de celle du Roule. Cette maison, ainsi nommée du nombre de ses habitants (quinze fois vingt, ou trois cents), était déjà construite en 1260. En 1270, saint Louis dota cet hôpital de 30 livres *parisis* de rente sur son trésor, et ordonna

Parmi Paris en vat trois paire ;
Toute jour ne finent de braire
90 Au .iij. cens qui ne voient goute.
Li uns sache, li autre boute :
Si se donent mainte sacoute,
Qu'il n'i at nul qui lor esclaire.
Se fex i prent, se n'et pas doute,
95 L'ordre sera brullée toute ;
S'aura li Rois plus à refaire [1].

que le même nombre d'aveugles y serait conservé. Il honora plusieurs fois ce lieu de sa présence, et y assista à l'office que l'on y faisait solennellement le jour de saint Remi. Belleforest et plusieurs autres écrivains ont prétendu que saint Louis fonda cet hôpital pour trois cents chevaliers à qui les Sarrazins avaient crevé les yeux pendant sa captivité ; mais personne avant eux n'avait parlé de ce fait, ni Guillaume de Nangis, ni Robert Gaguin, ni Paul-Émile, ni Joinville, qui cependant mentionnent la fondation de l'hôpital. Fauchet, qui, ayant été possesseur du Ms. 7615, connaissait la pièce de Rutebeuf, dit dans son livre intitulé *Recueil de l'origine de la langue et poésie française*, page 161, que la strophe de notre trouvère lui fait soupçonner « que ceux que saint Louis amassa aux Quinze-Vingts ne furent chevaliers, ains quelques pauvres gens, car cestuy-cy les fait mendians. »

1. Comme on voit, Rutebeuf attribue cet établissement (et peut-être fait-il de même pour les autres fondations de saint Louis) moins à une véritable charité qu'à un besoin d'agitation. Je ne crois pas qu'il faille prendre ses critiques à la lettre. On voit dans *Le Dit des crieries de Paris*, que les aveugles allaient criant par les rues : « Du pain à cels de *Champ-*

Diex a non de filles avoir [1],
Mais je ne puis onques favoir
Que Dieux euft fame en fa vie.
100 Se vos créez menfonge à voir
Et la folie pour favoir,
De ce vos quit-je ma partie.
Je di que ordre n'eft-ce mie,
Ains eft baras & tricherie
105 Por la fole gent decevoir.
Hui i vint, demain fe marie;
Li lignaiges fainte Marie
Eft plus grant que ne fu erfoir [2].

Li Roi a filles à plantei [3],

porri! » Ainsi s'appelait en effet l'emplacement où ils furent établis.

1. Comme on donnait anciennement aux hôpitaux les noms d'*Hôtel-Dieu* et de *Maison-Dieu*, on appelait aussi celles qui y demeuraient *Filles-Dieu* et *Enfants-Dieu*. Saint Louis fonda, sous ce nom, une maison à Paris, où il mit plus tard deux cents religieuses en leur assignant 400 livres *parisis* tous les ans sur son trésor. Cette maison était hors de la ville, entre Saint-Lazare et Saint-Laurent. Les vœux que prononçaient les *Filles-Dieu* n'étaient point irrévocables.

2. *Ersoir*, hier soir. — Le Ms. 7633 saute ce vers, et donne pour celui qui vient après la leçon suivante :

Eft hui plus grans qu'il n'ière arfeir.

3. Outre les Filles-Dieu de Paris, saint Louis fit encore de grands biens à celles de Rouen, d'Orléans, de Beauvais, etc. : c'est probablement ce qui fait dire

110   Et f'en at fi grant parentei
      Qu'il n'eft n'uns qui l'ofaft atendre,
      France n'eft pas en orfentei ;
      Se Diex me doint boenne fantei,
      Jà ne li covient terre rendre
115   Pour paour de l'autre deffendre :
      Car li Rois des filles engendre,
      Et ces filles refont auteil.
      Ordres le truevent ALIXANDRE,
      Si qu'après ce qu'il fera cendre
120   Sera de lui .c. ans chantei.

La Trinitei pas ne defpris [1] :

à Rutebeuf que ce prince *a des filles à plantei*, c'est-à-dire : en quantité, à profusion.

1. Cette strophe ne se trouve pas au Ms. 7615. — L'ordre de *la Trinité* fut fondé en 1198, sous Innocent III, par Jean de Matha et Félix de Valois, que Philippe-Auguste protégea tous deux. Cet ordre fut établi afin de travailler à la rédemption des captifs. Deux ans après leur fondation, en 1200, les *Trinitaires*, dans une seule année, en tirèrent d'esclavage cent quatre-vingt-six. Comme ils avaient à Paris un couvent dont la chapelle était consacrée à saint Mathurin, on leur donna le nom de ce saint, et comme d'après leur première règle, qui était fort sévère, il leur était interdit de se servir de chevaux pour leurs quêtes et leurs voyages, le peuple les appela *Mathurini asinorum*. Un registre de la chambre des comptes, de 1330, nomme ceux qui habitaient à Fontainebleau *les Frères des ânes de Fontainebliaut*, et Rutebeuf dit, dans *La Chanson des Ordres* (voyez la strophe 7e) : *D'asnes ont fet roncin*. En outre la pièce

De quanqu'il ont l'année pris
Envoient le tiers à mesure
Outre meir raembre les pris.
125 Ce ce sont que j'en ai apris,
Ci at charitéi nete & pure ;
Ne sai c'il partent à droiture.
Je voi desai les poumiax [1] luire
Des manoirs qu'il ont entrepris.
130 C'il font de la teil fornesture
Bien oeuvrent selonc l'Escriture :
Si n'en doivent estre repris.

Li Vaux des escoliers [2] m'enchante

intitulée : *Les Moustiers de Paris* (voyez Méon, t. II, pag. 291), désigne leur ordre sous le nom de la *Trinité aux asniers*. Méon a donc eu tort de mettre en note : « On ne peut rendre compte de cette épithète *asniers*. » Il n'y a rien au contraire de plus facile. Les frères de la Trinité finirent par posséder environ deux cent cinquante couvents divisés en treize provinces ; ils eurent pour armoiries huit fleurs de lis d'or, et l'écu timbré de la couronne de France supporté par deux cerfs blancs.

1. *Peumiax*, pommeau, sommet ; espèce de petite boule peinte qui surmontait le toit.
2. Le *Val-des-Écoliers* (*Vallis scholasticorum*) était une congrégation de chanoines réguliers fondée vers 1200 par quatre professeurs en théologie, Guillaume, Richard, Evrard et Manasès. Elle fut établie d'abord dans une vallée, entre la Bourgogne et la Champagne, où ses adhérents, auxquels se joignirent un grand nombre d'écoliers, ce qui lui fit donner son nom, pratiquèrent la règle de saint Augustin. Cette congréga-

Qui quièrent pain & fi ont rente
135 Et vont à chevaul & à pié.
L'Univerfitei la dolante,
Qui fe complaint & fe démante,
Trueve en eux petit d'amiftié,
Ce ele d'ex éuft pitié,
140 Mais il fe font bien acquitié
De ce que l'Efcriture chante :
« Quant om at mauvais refpitié,
Trueve l'an puis l'anemiftié ;
Car li mauz fruiz ift de male ente. »

145 Cil de Chartroufe font bien fage,
Car li ont leffié le bochage
Por aprochier la bone vile [1],

tion fut confirmée par le pape Honorius III et vint s'établir à Paris vers 1228. Saint Louis la dota de 30 deniers par jour, d'un muid de blé à prendre tous les ans dans les greniers de Gonesse, de deux milliers de harengs le jour des *Cendres*, à la foire des Brandons, et de deux pièces d'étoffe de vingt-cinq aunes chacune; la reine Blanche donna, pour le bâtiment de l'église, une somme de 300 livres.

1. En 1257, les *Chartreux*, dont l'ordre existait depuis près de 280 ans, et que saint Louis avait fait venir à Gentilly, à une lieue de Paris, s'y trouvant « incommodés par les fréquentes vifites qu'ils y recevoient » (Grand Colas, *Hist. de l'Université de Paris*), et alléguant, selon Félibien, pour être transportés plus près de la capitale, que « la doctrine qui se répandoit de cette ville dans toute l'Église feroit refleurir leur ordre, » prièrent le roi saint Louis de leur accorder l'hôtel de Vauvert, qui était dans un

>   Ici ne voi-je point d'outrage :
>   Ce n'eſtoit pas lor éritage
> 150 D'eſtre toz jors en iteil pile.
>   Noſtre créance tourne à guille,

lieu servant de retraite aux voleurs. On disait même qu'il était occupé par de malins esprits, ce qui faisait que personne n'y voulait loger. Saint Louis leur en ayant représenté les incommodités, ils lui firent répondre qu'il était plus convenable à leur état, qu'ils y recevraient moins de visites, et qu'ils espéraient que par leurs jeûnes ils en éloigneraient les démons qu'on disait y être. Josseran, leur prieur, avec sept religieux, y entra le 21 novembre 1258, et la communauté n'y fut pas plutôt établie que les mauvais esprits disparurent. « Leur but, dit Félibien, était probablement de s'attirer, par la proximité de Paris, un bon nombre d'excellents sujets de l'Université. Il paraît, du reste, que l'ordre des Chartreux, qui avait des règles très-sévères, était assez estimé au treizième siècle, car Rutebeuf ne leur adresse aucun reproche grave, et la *Bible au seignor de Bèze*(page 403, 2ᵉ vol. de Méon), dit en parlant d'eux :

> C'eſt une des Ordres du mont
> Où l'en puet mains de mal noter,
> Se n'eſt de cuer & de penſſer ;
> Mès aus œvres & aus ſemblans
> Pert-il qu'il ſoient bones gens.

La *Bible Guiot de Provins* (Méon, même volume, page 350), s'étend beaucoup sur eux et ne les blâme que de leur dure manière de vivre, ce qui fait dire à Guiot que dès le premier jour il prendrait son congé s'il faisait partie de leur ordre, et que si on ne voulait pas le lui donner, il saurait bien trouver *par où il ferait le saut.*

Menſonge devient Évangile,
N'uns n'eſt mais faux ſans béguinage ;
Preudons n'eſt créux en concile,
155 Nès que .ij. genz contre .ij. mile :
A ci douleur & grant damage

Tant com li Guillemin eſturent [1]
Là où li grant preudome furent
Sà en arrière comme rencluz,
160 Itant ſervirent Deu & crurent ;
Mais maintenant qu'il ſe recrurent,
Si ne les dut-on croire plus.
Iſſu ſ'en ſont comme conclus :
Or gart uns autres le rendus
165 Qu'il en ont bien fet ſe qu'il durent,
De Paris ſunt .i. pou en ſus :
S'aprocheront de plus en plus ;
Ceſt la raiſons por qu'il ſ'eſmurent.

1. Voyez, pour la ſignification de ce vers et des ſuivants, la note de la dernière ſtrophe intitulée : *La Chanson des Ordres.*

Explicit le Dit des Ordres.

Des Ordres
ou
La Chanson des Ordres [1].

Mss. 7218, 7615, 7633.

Du siècle vueil chanter
Que je voi enchanter;
Tel vens porra venter
Qu'il n'ira mie ainsi.
5 Papelart & Béguin
Ont le siècle honi.

Tant d'ordres avons jà

1. Cette pièce, qui est probablement du même temps que la précédente, a été imprimée par Méon, t. II, p. 299 de son édition de Barbazan. Legrand d'Aussy, dans une note qui se trouve à la fin de son extrait de *La bataille des vices et des vertus*, p. 410, du t. V des *Notices des manuscrits*, en a cité trois strophes, savoir : la 5e, la 6e, et enfin la 11e, dont il dit qu'elle « lui paraît mériter d'être remarquée, et qu'elle peut faire honneur au talent du poëte. » Je crois qu'il eût été plus exact de dire *à sa malice*. M. Daunou la trouve spirituelle et satirique, et M. Paulin Paris dit que, *par son mouvement et son caractère, elle rappelle assez bien des poésies légères moins anciennes.*

DES ORDRES.

  Ne fai qui les fonja,
  Ainz Diex tels genz noma
10 N'il ne font fi ami.
  Papelart & Béguin
  Ont le fiècle honi.

  Frère Prédicator
  Sont de mult fimple ator,
15 Et font en lor deftor
  Mainte bon parifi [1].
  Papelart & Béguin
  Ont le fiècle honi.

  Et li Frère Menu
20 Nous ont fi près tenu
  Que il ont retenu
  De l'avoir autreffi [2].
  Papelart & Béguin
  Ont le fiècle honi.

25 Qui ces .ij. n'obéift
  Et qui ne lor géhift [3]

---

1. Les *Frères-Prédicateurs* ou Frères-Prêcheurs, sont les Jacobins ou Dominicains.

2. Les *Frères-Menus* ou *Mineurs*, étaient les Cordeliers, qui s'appelaient ainsi par humilité. (Voyez le *Dit* qui porte leur nom.)

3. Cette strophe est une allusion à l'esprit envahisseur qu'on reprochait aux Cordeliers et aux Jacobins, lesquels voulaient dire la messe et entendre la con-

Quanqu'il oncques féift,
Tels bougres ne nafqui.
Papelart & Béguin
30 Ont le fiècle honi.

Affez dient de bien,
Ne fai f'il en font rien;
Qui lor done du fien
Tel preudomme ne vi.
35 Papelart & Béguin
Ont le fiècle honi.

Cil de la Trinité
Ont grant fraternité;
Bien fe font aquité :
40 D'afnes ont fet roncin [1].
Papelart & Béguin
Ont le fiècle honi.

Et li Frère Barré
Refont cras & quarré,
45 Ne font pas enferré :

fession dans les paroisses au préjudice et sans la permission des curés, ce qui excita de grandes querelles. Voyez la note relative aux Jacobins dans la pièce intitulée : *Les Ordres de Paris*.

1. Voyez, pour les Frères de la Trinité, les *Frères-Barrés*, les *Frères-Sacs*, la pièce intitulée : *Les Ordres de Paris*; il y a en note quelques détails sur ces religieux.

Je les vi mercredi.
Papelart & Béguin
Ont le fiècle honi.

Noftres Frère Sachier
50   Ont luminon fet chier.
Chafcuns famble vachier
Qui ift de fon mefni.
Papelart & Béguin
Ont le fiècle honi.

55   Set vins filles ou plus
A li Roi en reclus;
Oncques mès quens ne dus
Tant n'en congenui ¹.
Papelart & Béguin
60   Ont le fiècle honi.

Béguines a-on mont ²

---

1. Mss. 7615, 7633. VAR. engenuy (engendra). — Les Filles-Dieu, dont parle ici Rutebeuf, étaient en effet *plus de sept-vingt,* puisqu'en 1265 saint Louis, qui venait de leur permettre de tirer de l'eau de la fontaine de Saint-Lazare et de la conduire dans leur monastère par une chaussée, leur fit une libéralité bien plus considérable en ordonnant qu'elles seraient au nombre de deux cents, et en leur assignant sur son trésor une rente de 400 livres. C'est ce qui l'a fait regarder à tort comme le fondateur de leur monastère. (Voyez la pièce intitulée : *Le Dit des Règles.*)

2. Ms. 7218. VAR. a on moult.

Qui larges robes ont ;
Defouz les robes font.[1]
Ce que pas ne vous di.
65 Papelart & Béguin
Ont le fiècle honi.

L'ordre des non-voianz [2]
Tels ordre eft bien noianz,
Il taftent par léanz :
70 « Quant veniftes-vous ci ? ».
Papelart & Béguin
Ont le fiècle honi.

Li frère Guillemin.[3]

1. Ms. 7615. VAR. ont.
2. La congrégation des Aveugles ou Quinze-Vingts, dans laquelle on appelait *Frères-Voyants* ceux qui voyaient clair et étaient mariés à des femmes aveugles, et *Sœurs-Voyantes* les femmes qui voyaient clair et étaient mariées à des hommes aveugles. Cette strophe prouve que la *Chanson des Ordres* date au plus tôt de 1258, époque de la fondation des Quinze-Vingts par saint Louis.
3. Les *Frères-Guillemains*, ou *Guillemites*, ainsi appelés d'un solitaire nommé Guillaume, près du tombeau duquel fut bâti leur premier monastère, s'établirent en 1250 à Montrouge dans le monastère des *Machabées*. On leur donna plus tard, dans l'intérieur de la ville, le couvent des *Blancs-Manteaux*, lorsque ceux-ci eurent été supprimés en exécution d'un article du concile de Lyon, qui détruisait tous les ordres mendiants, à l'exception des Jacobins, des Cordeliers, des Carmes et des Augustins, sous le nom desquels

75
Li autre frere Hermin
M'amor lor atermin :
Je's amerai mardi.
Papelart & Béguin
Ont le siècle honi.

les Frères-Guillemains étaient compris. Quant aux *Hermins*, ce sont les *Hermites* de Saint-Augustin, autre branche de l'ordre général des Augustins. Leur congrégation fut instituée par Alexandre IV.

Expliciunt les Ordres.

Des Jacobins,
ou
Le Dist des Jacobins [1],

Mss. 7218, 7615, 7633.

SEIGNOR, mult me merveil que cist siècles
[devient
Et de ceste merveille trop souvent me
[souvient,
Si qu'en moi merveillant, à force me convient
Faire .i. dit merveilleus qui de merveille vient.

5 Orgueil & Convoitise, Avarisce & Envie
Ont bien leur enviaus seur cels qui sont en vie
Bien voient envieus que lor est la renvie,
Car Charité s'en va & Larguesce dévie.

Humilitez n'est mès en cest siècle terrestre,
10 Puisqu'ele n'est en cels où ele déust estre.
Cil qui onques n'amèrent son estat ne son estre
Bien fai que de légier la metront à senestre.

1. Voyez, pour les détails sur les *Jacobins*, la pièce intitulée : *De la Discorde de l'Université et des Jacobins*.

Se cil amaiffent pais, pacience & acorde
Qui font femblant d'amer foi & miféricorde,
15 Je ne recordaiffe hui ne defcort ne defcorde,
Mès je vueil recorder ce que chafcuns recorde.

Quant Frère Jacobin vindrent premier el monde,
S'eftoient par femblant & pur & net & monde.
Grant pièce ont or efté fi com l'eve parfonde,
20 Qui fanz corre tornoie entor à la roonde.

Premier ne demandèrent c'un pou de repoftaille,
Atout .i. pou d'eftrain ou de chaume ou de paille.
Le non Dieu fermonoient à la povre piétaille ;
Mès or n'ont mès que fère d'omme qui à pié aille [1] ;

1. On lit dans le poëme de *Renard-le-Nouvel* (édit. Méon, page 432) :

> A un confeil li Jacobin
> Ce funt trait, fi ont mult parlé
> De la très grande povreté
> C'ont en l'ordre faint Dominike.
> Boin feroit qu'il fuiffent plus riche ;
> Cafcuns l'ordre miex priferoit
> Et trop plus moutéplieroit
> De grans clers & de vaillans homes.
> « Une puignie de gent fomes,
> Si avons moult petit confeil. »
> Et dift li uns : « Je me merveil
> Que vous debatés ci vos tieftes
> Enfement que fe fuffiés beftes :
> C'alés-vous toute jor parlant ?
> Vous n'aurez jà un pain vaillant
> En ceft fiècle fans Renardie,
> Car li gent fon plain de boifdie,
> De mal art & de traïfon..... »

25 Tant ont éu deniers & de clers & de lais,
Et d'exécucions, d'aumofnes & de lais [1],
Que des baffes mefons ont fet fi granz palais
C'uns hom lance for fautre [2] i feroit .i. eflais.

> Je lo que de ci en alons
> Jufqu'à Renart & tant faifons
> K'il prenge l'abit de noftre ordre......
> Et Renart, ki moult fut fenés,
> Dift c'aillours a trop à entendre ;
> Mais fon fil, f'il le voelent prendre,
> Renardiel, & des dras veftir,
> Il lor liverra tout entir
> De le fcience dont il eft.
> Cafcuns dift : « Sire, bien nos plaift »
> Il lor livra, lors le vieftirent
> De lor ordre, & fignor 'en firent,
> Et grant maiftre & provincial,
> Par quoi il ont laiffié le val
> De Povreté par tel afquel,
> Et funt monté en Haut-Orguel.

1. A la note X de ma première édition de Rutebeuf, à la fin du t. 1er, j'ai longuement confirmé ces paroles de notre poëte par des citations authentiques.

2. *Fautre* : ce n'est point seulement, comme le dit M. de Roquefort, une garniture de selle qui servait à appuyer la lance ; le *fautre* ou *faucre* (fulcrum) était aussi une pièce d'acier qui se plaçait sur le côté droit de la cuirasse en saillie. Elle avait ordinairement trois pouces ou à peu près de longueur, et servait à supporter la lance. Souvent le faucre était muni d'une charnière, de façon à pouvoir se relever à volonté. Son usage ne remonte pas par conséquent au-delà du milieu du XIVe siècle, puisqu'il ne peut être antérieur à celui de la cuirasse ; mais, comme on trouve le mot *fautre* employé dans nos vieux romans du XIIe et du XIIIe siècle, il faut bien en conclure qu'il

Ne vont pas après Dieu tel gent le droit fentier,
30 Ainz Diex ne vout avoir tonel for fon chantier,
Ne denier l'un for l'autre, ne blé, ne pain entier ;
Et cil font changéor qui vindrent avant ier [1].

Je ne di pas ce foient li Frère Prefchéor,
Ainçois font une gent qui font bon pefchéor,
35 Qui prenent tel poiffon dont ils font mengéor :
L'en dit léchierres lèche, mès il font mordeor.

Por l'amor Jhéfu-Chrift leffièrent la chemife
Et priftrent povreté, car l'ordre eftoit promife ;
Mès il ont povreté glofée en autre guife :
40 Humilité fermonent qu'il ont en terre mife.

y eut une seconde espèce de fautre, qui fut probablement la poche ou garniture qui retenait la lance sur la selle. L'usage du faucre de cuirasse s'est prolongé jusqu'à la fin du XVIe siècle. En anglais il se nomme *lance rest*, arrêt de la lance. On peut voir un exemple frappant de la forme de cette pièce dans l'armure de Boabdil, reproduite dans mon ouvrage intitulé *l'Armeria real de Madrid*, Paris, 1837.

1. C'est-à-dire qu'ils sont très-riches, car les *changeurs* l'étaient presque tous alors; c'étaient les banquiers de l'époque.

Dès les premiers temps de la monarchie, d'après Grégoire de Tours, nos vieux rois se plaignaient de cet abus. Quand on présentait à Chilpéric un testament en faveur d'un ordre ou d'un établissement religieux, il le cassait en disant : « *Ecce pauper remansit fiscus noster; ecce divitiæ nostræ ad ecclesias sunt translatæ..... periit honos noster et translatus est ad episcopos civitatum.* »

Je croi bien des preudommes i ait à grand plenté,
Mès cil ne font oï fors tant qu'ils ont chanté ;
Car tant i a orgueil des orguillex enté
Que li preudomme en font forpris & enchanté.

45 Honiz foit qui croira jamès por nule chofe
Que defouz fimple abit n'ait mauveftié enclofe ;
Quar tels veft rude robe où félons cuers repofe :
Li rofiers eft poingnanz & f'eft fouef la rofe.

Il n'a en tout ceft mont ne bougre, ne hérite,
50 Ne fort popelican, vaudois ne fodomite,
Se il veftoit l'abit où papelars f'abite,
C'on ne le tenift jà à faint ou à hermite.

Hé, Diex ! com vendront or tart à la repentance,
S'entre cuer & habit a point de deffevrance !
55 Fère leur convendra trop dure pénitance :
Trop par aime le fiècle qui par ce f'i avance.

Divinitez[1] qui eft fcience efpéritable,

---

1. *Divinitez* : on appelait ainsi la théologie, parce que c'était une science célefte :

> Gironne, Bède & Yfidoire
> Diftrent à la Divinité
> Qu'elle efchivaft leur vanité.
> (La Bataille des VII. arts, Ms. 7218, f° 135.)

C'est peut-être dans ce sens qu'il faut entendre ce mot à la strophe troisième de la pièce intitulée : *De la Discorde de l'Université et des Jacobins.*

On l'appelait aussi quelquefois la *haute science*, et

Ont-il torné le dos & s'en font conneftable ;
Chafcuns cuide eftre apoftre quant il font à la table ;
60 Mès diex pot¹ fes apoftres de vie plus metable.

Cil Diex qui par fa mort volt la mort d'enfer mordre
Me vueille f'il li pleft, à fon amors amordre ;
Bien fai qu'eft grant corone, mès je ne fai qu'eft ordre,
Car il font trop de chofes qui mult font à remordre.

les docteurs en théologie prenaient le titre de *maîtres en divinité*. — Le Ms. 7615 offre pour variante : « Humilitez qui est, etc. »

1. Il faudrait probablement *vot*.

Explicit des Jacobins.

Li Diz des Cordeliers [1].

Ms. 7615.

SEIGNEUR, or escoutez; que Diex vos soit
[amis!
S'orroiz des Cordeliers commant chascuns
[amis
Son cors à grant martire contre les anemis,
Qui sont plus de .c. foiz le jor à nos tramis.

5 Or escotez avant dont ces gens sont venu :
Fil à Roi & à conte sont menor devenu [2]
C'au siègle estoient gros, or sont isi venu
Qu'il sont saint de la corde & sont tuit lor pié nu.

Il pert bien que leur ordre nostre Sires ama,

1. Cette pièce est assez obscure et son intention particulière n'est pas facile à saisir. Elle semble néanmoins avoir été faite à l'occasion d'une querelle qui eut lieu à propos du changement de domicile des Cordeliers de Paris.
2. L'obscurité générale et le désordre qui règnent dans cette pièce ne me permettent pas de décider si Rutebeuf parle ici sérieusement : cependant, je serais assez porté à croire qu'il fait allusion à quelques grands personnages devenus *Frères-Mineurs*, c'est-à-dire Cordeliers.

LI DIZ DES CORDELIERS.

Quant saint François[1] transsi Jéshu-Crist réclama,
En .v. leuz, ce m'est vis, le sien cors entama :
A ce doit-on savoir que Jhésu-Criz s'âme a.

Au jor dou jugement devant la grant assise,
Que Jhésu-Criz penra de péchéors justice,
5 Saint François aura ceuz qui seront à sa guise :
Por ce sont Cordelier la gent que je miex prise.

En la corde s'encordent cordée à .iij. cordons[2],
A la corde s'acordent dont nos descorderons.
La descordance acordent des maux que recordons,
20 En lor lit se descordent por ce que nos tortons.

Chacuns de nos se tort de bien fère sanz faille,
Chacuns d'aux s'an détort & est en grant bataille;
Nos nos faisons grant tort. . . . .
Quant chacuns de nos dort chacuns d'aus se travaille.

25 La corde sénesie, là où li neu sont fet,
Que le mauffé dessient & lui & tot son fet.
Cil qui en aux se fie, si mal & si mesfet

---

1. *Saint François* d'Assise, né en Ombrie vers l'an 1182, est le fondateur de l'ordre des *Frères-Mineurs* ou Cordeliers. On sait que ce dernier nom leur vint de ce que pendant la guerre sainte, Louis IX, après un combat où ils avaient repoussé les infidèles, ayant demandé à qui la victoire était due, on lui répondit que c'était à des gens de *cordes liés.*

2. La ceinture de *corde* des Cordeliers a, en effet, trois nœuds.

Seront, n'en doutez mie, dépecié & desfet.

Menor font apellé li Frère de la corde ;
30 Menor vient au premier, chacuns d'aux f'i acord
Que l'âme viaut fauver ainz que la mors l'amord
Et l'âme de chacun qu'à lor acort f'acorde.

Se finifie plaint, par Eve fe doit-on plaindre [1].
Par Eve fu âme en plaint, Eve fit âme plaindre.
35 Quant vint filz dame à point, ne foffri point le poindr
M. a âme desjoint dont èvé la fit joindre.

Eve en efté va, & en yver par glace [2],
Nus piez por fa viande qu'elle quiert & porchac
Ifi font li Menor, Diex gart que vent ne glace,
40 Qui ne chiée empéchié qui ne faille à fa grâce.

Ceft roons en O a emmi une efpaffe [3],

---

[1]. Il est probable qu'à partir de cette strophe, qui ne fait pas avec la précédente un sens suivi, il y a dans cette pièce une confusion causée par les copistes. Le reste du *Diz* est, en effet, assez obscur et assez difficile à entendre.

[2]. Il existe dans ces strophes plusieurs jeux de mots sur le mot *èvé* pris dans ses diverses acceptions : *Ève*, notre première parente, *ève*, eau du baptême, et *ève*, eau courante.

[3]. Comme cette strophe est assez bizarre, je crois devoir donner la traduction des trois premiers vers; la voici : « Ce rond, qui est fait en Ô, a au milieu un espace; le rond, c'est le corps; dedans il y a une place où est un trésor, et ce trésor c'est l'âme, que le démon menace. »

Et roons est li cors ; dedenz a une place ;
Trésor y a : c'est l'âme, que li maufez menace.
Diex gart le cors & l'âme, maufez mal ne li face !

5 Devant l'espicerie vendent de lor espices [1],
Ce sont saintes paroles en coi il n'a nul vices :
Tote lor a fet tort, & teles au pélices
Les ont ci pesciez qu'entrer n'osent ès lices.

La béasse qui cloche la cloiche dou clochier [2]

1. Je ne sais si ce vers est pris au propre ou au figuré. J'ai cherché dans les histoires de Paris s'il n'y avait pas quelque couvent de Cordeliers situé devant l'*espicerie*, et s'il y avait *une espicerie* comme il y avait *une draperie* ; mais je n'ai rien rencontré de satisfaisant.

2. J'avoue franchement que je ne sais pas à quelle querelle des Cordeliers, à quelle circonstance de leur histoire les strophes qui suivent peuvent faire allusion. Ni l'*Histoire des Ordres monastiques*, ni Sauval, ni Félibien, ni les autres écrivains que j'ai été à même de consulter ne m'ont là-dessus fourni de lumières. J'avais cru d'abord qu'il pouvait s'agir ici de quelque dissension entre les Cordeliers et l'abbaye de Saint-Germain, que Rutebeuf aurait désignée en faisant, par un jeu de mots, de *la béasse* (la domestique) une personnification de *l'abbaye*, qu'il aurait alors écrite *la béasse*. Les Cordeliers s'étaient, en effet, établis à Paris sur le territoire de cette maison, et dans des lettres de l'évêque de Paris datées du mois de mai 1230, il est dit que l'abbé et les religieux de Saint-Germain ne firent que prêter et non pas donner le lieu et les maisons qu'habitèrent les disciples de saint François, encore à condition que les

50 Fiſt devant li venir, qui la véiſt clochier.
　Ainz qu'elle veniſt là la covint mout lochier,
　La porte en fiſt porter celle qui n'ot Dieu chier.

　La béaſſe qu'eſt torte lor a fet mult grant tort :
　Encore eſt correciée ſe fromages eſtort.
55 A l'apoſtole alèrent li droit contre le tort,
　Li droiz n'ot point de droit ne la torte n'ot tort.

　L'apoſtolles lor voſt ſor ce doner ſentence,
　Car il ſet bien que fame de po volentiers tance ;
　Ainz manda ſ'il pooit eſtre ſans méſeſtance,
60 L'évéſque lor féiſt là avoir demorance.

　L'évéſque ot conſoil par .iij. jors ou par .iiij. ;
　Mais fames ſont noiſeuſes ; ne pot lor noiſe abatre
　Et vit que chacun jor les convenoit combatre :
　Si juga qu'il alaſſent en autre leu eſbatre.

Cordeliers n'auraient ni cloches (ce qui expliquerait peut-être ce vers de Rutebeuf : *La béaſſe qui cloche, etc.*), ni cimetière, ni autel conſacré, etc. Il fut en outre ſtipulé que, ſi les Frères-Mineurs allaient s'établir en un autre lieu, la place qui leur avait été accordée, avec tous les bâtiments que l'on y avait élevés, demeurerait en propriété à l'abbaye, ce qui expliquerait également cette strophe : *Dortor et refretor, etc.* ; mais, en y regardant de plus près, j'ai vu que bien des circonstances, la date surtout, contrariaient cette hypothèse. Je ne puis donc mieux faire que d'abandonner l'énigme obscure que présente cette pièce à l'intelligence et à la sagacité du lecteur.

65 Dortor & refretor avoient, belle yglife,
Vergiés, praiaux & troilles¹, trop biau leu à devife,
Or dit la laie gent que c'eft par convoitife
Qu'il ont fe leu léffié & autre place prife.

Se cil leuz fuft plus biaus de celi qu'il avoient,
70 Si le poïft-on dire, mais la fole gent voient
Que lor leus laiffent cil qui defvoiez avoient
Por ofter le péchié qui en tel leus avoient.

En ce leu faifoit-on péchié & grant ordure;
A l'ofteil ont éu mainte parole dure,
75 Mais Jhéfu-Criz li rois qui toz jors règne & dure
Si conduife celui qui les i fit conduire.

La coe dou cheval desfant la befte tote,
Et c'eft li plus vilz membres & la mouche la doute
Nos avons euz ès teftes, & fi ne véons gote.

. . . .

80 Se partout avoit ève, tiex buvroit qu'à foi,
Vos véez, li navrez viaut le mire ² lez foi,
Et nous qui fons navré chacun jor endroit foi,
N'avons cure dou mire, ainz nous morons de foi.

Là déuft eftre mire là où font li plaié,
85 Car par les mires font li navré apaié.

1. *Troilles*, treilles.
2. *Mire*, médecin.

Menor font mire & nous fons par eus apaié,
Por ce font li Menor en la vile avoié.

Ou miex de la cité doivent tel gent venir,
Car ce qui eft ofcur, font-il cler devenir,
90 Et fi font les navrez en fenté revenir;
Or la veut la béeffe de la vile banir.

Et meffires YTIERS, qui refu nez de Rains [1],
Ainz dit que mangeroit ainçois fuielles & rains,
Que fuffent en f'efglifes confeffor par meriens,
95 Et que d'aler à paie auroit laffé les rains.

Bien le déuft fofrir; mès YTIERS li preftres,
Paranz a & parentez mariez à grant feftes;
Des biens de fainte Yglife lor a achetez beftes:
Li biens efpéritiex eft devenuz terreftres.

[1] Quel était ce *Meffire Ytiers, né de Reims*? Je n'ai pu trouver là-dessus aucun renseignement.

Explicit des Cordeliers.

Des Béguines,

Ou ci encoumence

Li Diz des Béguines[1].

Mss. 7615, 7633.

En riens que Béguine die
N'entendeiz tuit fe bien non ;
Tot eft de religion
Quanque hon trueve en fa vie.
5 Sa parole eft prophécie ;
S'ele rit, c'eft compaignie ;
S'èl' pleure, dévocion ;
S'ele dort, ele eft ravie ;

1. Cette pièce est imprimée dans le tome II des *Fabliaux* de Méon, pages 37 et 38, à la fin d'une dissertation *sur les étymologies* due à Barbazan, lequel a joint au texte une traduction littérale, par laquelle, dit-il, « on verra combien il est difficile d'approcher de la beauté de l'original. » Cette pièce est, en effet, remarquable par la finesse de son ironie et par la pensée qui y préside. J'ajouterai cependant que tout le monde n'a pas traité les *Béguines* aussi durement que Rutebeuf. Thomas de Cantimpré parle de leurs mœurs avec éloges et s'étend beaucoup sur leur piété; mais un écrivain postérieur, Villon, les a fort

S'el fonge, c'eſt viſion ;
10 S'ele ment, non créeiz mie.

décriées en leur faisant dans son testament le legs que voici :

> ITEM, aux frères mendians,
> Aux dévotes & aux BÉGUINES,
> Tant de Paris que d'Orléans.
> Tant turlupins, tant turlupines,
> De graſſes ſoupes jacobines.

Ce qui veut dire, d'après un vieux CUISINIER FRANçois : « un potage fait avec de la chair de perdrix et de chapon rôtis, désossés, et hachés bien menu avec du bouillon d'amande qu'on verse sur du pain bien mitonné et sur un lit de fromage, etc. »

M. Paulin Paris dit que cette pièce « *est une véritable chanson.* » Soit! mais ces deux seuls *Ditz* de Rutebeuf qui portent ce nom dans les manuscrits, sont *la chanson de Puille* et *la chanson des Ordres*. Quant au *Diz des Béguines*, je trouve qu'il a beaucoup plus d'analogie par la forme et par le fond, avec la fine satire intitulée : « *C'est de Brichemer* » qu'avec tout autre genre de compositions. J'ajoute qu'il ne présente pas, comme *la chanson des Ordres*, ce qui semble si nécessaire à la chanson : — le refrain.

Un mot encore à ce sujet. Il est surprenant que Rutebeuf, qui était avant tout un poëte spirituel, primesautier de vive allure, ne nous ait pas laissé quelques chansons : cela allait à son caractère et à la tournure de son talent. Les chansons badines ou bouffonnes, érotiques mêmes, étaient d'ailleurs très à la mode au XIIIe siècle, et Thibault de Champagne, à lui seul, nous en a laissé plus de soixante. L'abstention de Rutebeuf est d'autant plus regrettable, que, selon Daunou, et c'est aussi notre avis, « les chansons françaises du XIIIe siècle soutiennent avantageusement

Se Béguine fe marie,
S'eft fa converfacions;
Ces veulz, fa prophécions
N'eft pas à toute fa vie [1].
15 Ceft an pleure & ceft an prie,
Et ceft an panrra baron [2].
Or eft Marthe, or eft Marie;
Or fe garde, or fe marie,
Mais n'en dites fe bien non :
20 Li Rois no fofferroit mie.

le parallèle avec les chansons provençales du même temps : les idées y sont plus ingénieuses, l'expression des sentiments y est plus simple, et, par conséquent, plus vraie. »

1. Villon a encore dit de nos religieuses avec sa malice ordinaire :

> Et puis après foubz les courtines
> Parler de contemplation

Leur couvent était situé rue des Barrés, n° 24. On l'a nommé depuis l'*Ave-Maria* Il fut bâti sur un emplacement acheté par saint Louis à Étienne, abbé de Tiron.

2. *Baron*, mari.

Explicit des Béguines.

Des Règles,
ou
C'est li Diz des Règles.

Mss. 7218, 7633.

PUISQU'IL covient vérité tère,
De parler n'ai-je mès que fère :
Vérité ai dite en mains leus
(Or eſt li dires périlleux [1])
5 A cels qui n'aiment vérité,
Qui ont mis en auctorité
Tels choſes que metre n'i doivent.
Auſſi nous peinent & deçoivent
Com li gorpis [2] fet les oiſiaus.
10 Savez que fet li damoiſiaus :
En terre rouge ſe toueille,
Le mort fet & la forde oreille ;

---

1. On pourrait inférer de ce passage et de plusieurs autres de Rutebeuf, que ses hardiesses, qui souvent n'épargnaient même pas le roi, lui avaient peut-être attiré quelque châtiment et qu'il en avait gardé un souvenir amer.

2. Ms. 7633. Var. vuerpyz (le renard).

DES RÈGLES.

    Si vienent li oiſel des nues,
    Et il aime mult lor venues,
15 Quar il les ociſt & afole [1].
    Auſi vous di à brief parole
    Cil nous ont mort & afolé
    Qui paradis ont acolé.
    A cels le donent & délivrent
20 Qui les aboivrent & enyvrent
    Et qui lor engreſſent les pances
    D'autrui chatels, d'autrui ſubſtances,
    Qui ſont, eſpoir, bougre parfet,
    Et par paroles & par fet,
25 Ou uſerier mal & divers,
    Dont el ſautier nous dit li vers
    Qu'il ſont jà dampné & perdu.
    Or ai le ſens trop eſperdu.
    S'autres paradis porroit eſtre
30 Que cil qui eſt le roi céleſtre,
    Quar à celui ont-il failli
    Dont en la fin ſont mal bailli [2].

1. La Fontaine a dit :

« Le galant fait le mort et du haut d'un plancher
Se pend la tête en bas.... »

2. Le Ms. 7633 offre les variantes qui suivent :

    Dont il ſont mort & mal bailli;
    Mais il croient ces ypocrites
    Qui ont les enſeignes eſcrites
    Einz viſages d'eſtre preudomme,
    Et li ſont teil com je les nomme.
    Halas! qui porroit Deu avoir, etc.

Qui porroit paradis avoir ;
Après la mort por fon avoir,
35 Bon feroit embler & tolir ;
Mès il les covendra boillir
Ou puis d'enfer fanz jà réembre :
Tel mort doit l'en douter & criembre.
Bien font or mort & avuglé,
40 Bien font or fol & defjuglé,
S'ainfi fe cuident délivrer.
Au mains fera Diex au livrer
De paradis, qui que le vende.
Je ne cuit que faint Pières rende
45 Ouan les clez de paradis ;
Et il i metent .x. & .x.
Cels qui vivent d'autrui chaté
Ne l'ont or bien cift achaté.
S'on a paradis por fi pou,
50 Je tieng por bareté faint Pou,
Et fi tieng por fol & por nice
Saint Luc, faint Jaque de Galice,
Qui f'en firent martirier,
Et saint Pierre crucefier [1] !

1. Un troubadour, Raymon de Castelnau, a exprimé en d'autres termes la même pensée : « Si Dieu, dit-il, veut que les Moines-Noirs soient sans égaux pour bien manger et pour tenir des femmes, les Moines-Blancs pour des bulles mensongères, les Templiers et les Hospitaliers pour leur orgueil, et les chanoines pour prêt à usure, je tiens pour bien fous saint Pierre et saint André qui souffrirent pour Dieu tant de tourments, puisque tous arrivent au même salut. »

55 Bien pert qu'il ne furent pas fage,
    Se paradis eft d'avantage ;
        cil fi rementi forment
    Qui dift que peine ne torment
    Ne font pas digne de la grâce
60 Que Dieu par fa pitié nous face.
    Or avez la première riègle
    De cels qui ont guerpi le fiècle.

    La feconde vous dirai-gié :
    Noftre prélat font enragié,
65 Si font décreftiftre & devin.
    Je di, por voir, non pas devin
    Qui por paor à mal fe ploie,
    Et à malfetor fe fouploie,
    Et por amor vérité leffe :
70 Qui à ces .ij. chofes fe pleffe,
    Si maint bone vie en ceft monde,
    Qu'il a failli à la feconde.
    Je vis jadis [1], fi com moi famble
    Xxiiij. prélas enfamble,
    Qui par acort bon & léal,
76 Et par confeil fin & féal,
    Firent de l'Univerfité,
    Qui eft en grant averfité,

1. Le mot *jadis* qui se trouve dans ce vers montre que cette pièce a été composée à quelques années de distance du *conseil* dont il est parlé dans les vers qui suivent, c'est-à-dire probablement de 1258 à 1260.

Et des Jacobins bone acorde [1].
80 Jacobins rompirent la corde :
Ne fu lors bien noſtre créance,
Et noſtre loi en grant balance,
Quant les prélaz de ſainte Ygliſe
Deſmentirent toz en tel guiſe.
85 N'orent-ils lors aſſez veſcu,
Quant l'en lor fiſt des boches cu,
C'onques puis n'en firent clamor ?
Le preudomme DE SAINT-AMOR,
Porce qu'il ſermonoit le voir,
90 Et le diſoit par eſtovoir,
Firent tantoſt ſemondre à Romme
Quant la cort le trova preudomme,
Sanz mauvaiſtié, ſanz vilain cas.
Sainte Ygliſe, qui tel cler as,
95 Quant tu le leſſas eſcillier

---

1. Le concile de Paris, tenu en 1256 à propos du meurtre commis en la personne du chantre de l'église de Chartres, et dans lequel on s'occupa en même temps de l'affaire de Guillaume de Saint-Amour et des *Jacobins*. (Voyez la note de la page 89 de la complainte de *Guillaume de Saint-Amour.*) Ce concile était présidé par Henry, archevêque de Sens, à la tête de cinq autres prélats, Guillaume, évêque d'Orléans, Renaud de Paris, Gui d'Auxerre, Nicolas de Troyes, et Aleaume, évêque de Meaux. La sentence des quatre archevêques, membres du concile, dont l'un fut plus tard proclamé saint, fut cassée par le pape Alexandre IV, à la requête des Jacobins, à ce qu'on crut, mais cela n'est pas certain.

Te péuſt-tu miex avillier [1]?
Et fu baniz ſanz jugement :
Ou cil qui à droit juge ment,
Ou encor en prendra venjance;
100 Et ſi cuit bien que jà commance.
La fin du ſiècle eſt mès prochiene :
Encor eſt ceſte gent ſi chiene !
Quant .i. riche homme vont entor,
Seignor de chaſtel ou de tor,
105 Ou uſerier ou clerc trop riche,
Qu'il aiment miex grant pain que miche,
Si ſont tuit ſeignor de léenz :
Jà n'enterront clerc ne lai enz
Qu'il ne'ſ truiſent en la meſon ;
110 A ci granz ſeignors ſanz reſon.
Quant maladie ces genz prent
Et conſcience les reprent,
Et anemis les haſte fort
Qui jà les voudroit trover mort,
115 Lors ſi metent lor teſtament
Sor cele gent, que Diex ament.
Puiſqu'il ſont ſaiſi & veſtu,
La montance d'un ſeul feſtu
N'en donront jà puis por lor âme :
120 Ainſi requet qui ainſi ſame.
Sanz avoir cureur ont l'avoir,

1. Ces vers démontrent que cette pièce fut composée avant le retour de Guillaume de Saint-Amour et pendant qu'il était encore en exil, c'est-à-dire avant 1260.

Et li curez n'en puet avoir
S'à paine non du pain por vivre,
Ne achater .i. petit livre
125 Où il puisse dire complies ;
Et cil en ont pances emplies,
Et bibles & sautiers glosez,
Que l'en voit cras & reposez.
Nus ne puet savoir lor couvaine
130 Je n'en sai c'une seule vaine :
Il vuelent fère lor voloir,
Cui qu'en doie le cuer doloir ;
Il ne lor chaut, mès qu'il lor plèse,
Qui qu'en ait paine ne mesèse.
135 Quant chiés povre provoire vienent,
Où pou sovent la voie tienent
S'il n'i a rivière ou vingnoble,
Lors sont si cointe & sont si noble
Qu'il samble que ce soient roi.
140 Or covient por elz grant aroi
Dont li povres hom est en trape ;
S'il devoit engagier sa chape [1],
Si covient-il autre viande
Que l'Escripture ne commande.
145 S'il ne sont péu sanz défaut,
Se li prestres de ce défaut,

1. Il paraît que ce qui avait lieu dans les rangs inférieurs du clergé se pratiquait aussi de pape à évêque. On lit à peu près la même chose dans le continuateur de Guillaume de Nangis à propos des voyages de Clément V.

Il ert tenuz à mauvès homme,
S'il valoit faint Piere de Romme;
Puis lor covient laver les james [1].
150 Or i a unes fimples fames
Qui ont envelopé les cols,
Et font barbées comme cols [2],
Qu'à ces faintes genz vont entor,
Qu'eles cuident au premier tor
155 Tolir faint Pière fe baillie;
Et riche fame eft mal baillie
Qui n'eft de tel corroie çainte :
Qui plus bèle eft, fi eft plus fainte.
Je ne di pas que plus en facent [3],
160 Mès il famble que pas n'es hacent;
Et faint Bernars dift, ce me famble :
« Converfer homme & fame enfamble
Sanz plus ouvrer felonc nature,
C'eft vertu fi nète & fi pure
165 (Ce tefmoingne bien li efcriz)
Com de ladre fift Jhéfus-Chriz! »
Or ne fai-je ci fus qu'entendre.
Je voi fi l'un vers l'autre tendre
Qu'en .i. chaperon a .ij. teftes,
170 Et il ne font angles ne beftes.

1. Ms. 7633. Var. jambes.
2. Les Béguines, qui avaient le cou enveloppé de la coiffure qui a pris son nom de leur ordre (béguin), ou qui le lui a donné.
3. Voyez pour ce reproche *Li Diz des Béguines* et la onzième strophe de *La Chanson des Ordres*.

Amis se font de sainte Yglise,
Por ce que en plus bèle guise
Puissent sainte Yglise sozmetre,
Et por ce nous dit ci la lettre :
175 « Nule dolor n'est plus servant
Qu'ele est de l'anemi servant. »
Ne sai que plus briefment vous die :
Trop sons en péreilleuse vie.

Expliciunt les Règles.

Renart le Bestourné,

Ou ci encoumence

Li Diz de Renart le Bestournei [1].

Mss. 7218, 7615, 7633.

Renars est mors, Renars est vis,
Renars est ors, Renars est vils,
Et Renars règne;
Renars a mult régné el règne;

[1]. La signification de cette pièce et même son simple titre ont beaucoup tourmenté jusqu'ici la plupart des érudits qui se sont occupés de Rutebeuf. Legrand-d'Aussy, tome V*e* des *Notices des Manuscrits*, dit qu'après avoir lu et relu Renart de Bestourné avec la plus grande attention, *il lui a été impossible d'y rien comprendre.*

Cette opinion, de la part d'un homme qui s'est montré souvent très-judicieux à l'endroit de notre ancienne littérature, m'étonne d'autant plus qu'il n'est pas difficile, à la première lecture, d'apercevoir dans *Renart le Bestourné*, une satire où l'auteur attaque à la fois le roi et les courtisans.

Quant au mot *Bestourné,* il est impossible que Legrand d'Aussy n'en ait pas compris le sens. Ce mot se rencontre fréquemment dans notre ancienne

5 Bien i chevauche à lafche regne,
      Col eftendu.
   L'en le devoit avoir pendu
   Si com je l'avoie entendu,

langue et signifie *doublement changé, métamorphosé.*
Il est employé par Rutebeuf à différentes reprises.
(Voy. sa pièce de *La Vie dou monde*, où il s'en sert
deux fois.)

Daunou n'a pas été moins sévère que Legrand
d'Aussy pour cette pièce, car il a dit d'elle: « Rutebeuf a fait un le *Renart le Beftourné*, apparemment *le
mal tourné.* Ce n'est pas son meilleur ouvrage. C'est
un vrai tissu d'équivoques souvent obscures. »

Selon moi (telle est l'explication que je hasardais
dans ma première édition de Rutebeuf), les premiers
traits satiriques de *Renart le Beftourné* tombent di-
rectement sur Thibaut, roi de Navarre, qui, possé-
dant la Brie et la Champagne (que Rutebeuf appelle
le Vignoble), était en quelque sorte sire de tout l'a-
voir de monseigneur *Nobles*, c'est-à-dire du *Roi*, car,
dans le *Roman du Renart*, ce mot désigne le Roi des
animaux.

Le reste de la satire s'applique évidemment, disais-
je, à d'autres grands seigneurs que gouvernait saint
Louis; mais lesquels Rutebeuf a-t-il voulu désigner
par tel ou tel nom? — C'est ce qu'il serait assez difficile de dire. Ainsi *Roneaus* (le chien dans le *Roman
du Renart*) est il le comte de la Marche ou tout autre? — *Isengrins* (le loup), cache-t-il le duc de Bourgogne ou celui de Bretagne? — *Bernars* (l'âne) est-il
l'évêque de Paris ou légat du pape? — Les allusions
de Rutebeuf sont trop vagues pour qu'elles puissent
aujourd'hui servir de base à autre chose qu'à des conjectures; mais évidemment le poëte a voulu signaler
quatre seigneurs de la cour et du conseil de Louis IX,

Mès non a voir :
10 Par tens le porrez bién favoir.
Il eſt ſires de tout l'avoir
Monſeignor Noble,

sans oser toutefois, par prudence, les désigner d'une façon trop ostensible.

J'ajoutais : « Comme dans toute la pièce l'auteur emploie le temps présent, et que tout semble y indiquer qu'il parle de personnages existants, est-ce à dire qu'elle fut écrite du vivant de Thibaut de Navarre? — Je ne le crois pas. Thibaut mourut en 1248, et nous n'avons rien de Rutebeuf qui remonte à cette époque. Thibaut ne put jamais, en outre, s'enrichir à Constantinople, puisqu'il n'y fut pas, etc. Je regarde donc comme établi que Rutebeuf a seulement voulu citer Thibaut comme type, et désigner en général, par le mot *Renart*, les hauts personnages qui lui ressemblaient. »

L'historien spécial de saint Louis, M. le comte de Villeneuve, membre de l'Académie des inscriptions, consulté par moi au sujet de *Renart le Bestourné*, me répondit *que le sens de la pièce lui paraissait fort clair à la façon des centuries de feu Michel Nostradamus que Dieu absolve! Non qu'on doive voir en elle un coq-à-l'âne, mais parce qu'elle fait allusion à des faits sur lesquels l'histoire n'a donné aucun jour.*

Depuis lors, M. P. Paris, dans son travail sur Rutebeuf (t. XX de l'*Hist. littér. de la France*), a proposé une autre explication qui prolongerait trop, selon moi, la vie de notre trouvère. « En admettant, dit le savant académicien, que l'intention du poëte soit de rappeler les habitudes de Philippe-le-Hardi, les énigmes de *Renart Bestourné* disparaîtront, et tout y fera naître notre intérêt comme pouvant venir en aide aux indi-

Et de la Brie & du vingnoble
Renars fist en Conſtantinoble
15   Bien ſes aviaus,
Et en cases [1] & en caviaus.
N'i laiſſa vaillant. ij. naviaus
    L'emperéor,

cations historiques assez obscures pour ce règne. Rappelons les traits les plus saillants de cette satire. Renart, dit Rutebeuf, n'est pas mort. Il est maître des domaines royaux et des terres voisines. Il a ruiné l'empire grec; l'empereur lui-même s'était vu presque réduit à l'état de misérable pêcheur. Oh! que ne sait le roi Noble comme on le blâme de la confiance qu'il lui prodigue! C'est Renart qui lui a persuadé d'éconduire ses amis et de fermer son hôtel, même aux grands jours de fêtes, comme s'il devait craindre de voir les denrées enchérir. Quelques traîtres décident de tout aujourd'hui. Admirable société pour un roi que des gens effrayés de tout! Quand Mgr Nobles est à table, ils font un désert autour des mets, tant ils craignent qu'on ne leur ravisse les profits de l'hôtel! Heureusement il nous reste un espoir, c'est que Dieu leur enverra la récompense qu'ils cherchent, la seule qu'ils méritent. — la corde. »

M. Paris rapproche ensuite de ces paroles un passage d'une chronique inédite (ms. de la Bibl. nat., n° 8396) sur Philippe-le-Hardi, qui correspond parfaitement au thème du poëte. On sait, d'ailleurs, que Pierre de la Brosse, ancien barbier de saint Louis, devenu ministre, en butte à la haine de tous les barons et les grands, fut pendu au gibet de Montfaucon. J'ai même publié sa *Complainte* il y a quelques années.

1. Le Ms. 7615 dit *caves*.

Ainz en fift povre péchéor ;
20 Par pou ne le fift pefchéor
Dedenz la mer.
Ne doit l'en bien Renars amer
Qu'en Renars n'a fors que l'amer ;
C'eft fa droiture.
25 Renars a mult grand norreture ;
Mult en avons de fa nature
En cefte terre.
Renars porra movoir tel guerre
Dont mult bien fe porroit foufferre
30 La régions.
Mefires Nobles li lyons
Cuide que fa fauvacions
De Renart viegne.
Non fet voir ; de Dieu li foviegne
35 Ainçois dout qu'il ne l'en aviegne
Domage & honte.
Se Nobles favoit que ce monte
Et les paroles que l'en conte
Parmi la vile,
40 Dame Raimborc, dame Poufile [1]
Qui de lui tienent lor concile,
Çà .x. çà vint,
Et dient c'onques mès n'avint
N'onques à franc cuer ne fovint
45 De tel geu faire ;

1. Ces personnages figurent dans le *Roman du Renart*.

Bien li déuſt membrer de Daire [1]
Que li ſien firent à mort traire
　　　Par ſ'avariſce.
Quant j'oi parler de ſi lait viſce,
50　Par foi toz li cuers m'en héricé
　　　De duel & d'ire
Si fort que je ne ſai que dire;
Quar je voi roiaume & empire
　　　Treſtout enſamble.
55　Que dites-vous? que il vous ſamble
Quant meſires Nobles deſſamble
　　　Toutes ſes beſtes,
Qu'ils ne puéent metre lor teſtes
Aus bons jors ne aus bones feſtes
60　　　En ſa meſon;
Et ſe n'i ſet nule reſon
Fors qu'il doute de la ſeſon,
　　　Que n'enchiériſſe;
Mès jà de ceſte anée n'iſſe,
65　Ne mès couſtume n'eſtabliſſe
　　　Qui ce braſſa !
Quar trop vilain fet embraça :
Roneaus [2] li chiens le porchaça
　　　Avoec Renart.
70　Nobles ne fet engin ne art
Ne c'uns des aſnes de Sénart

---

1. *Daire;* il devrait bien se souvenir de Darius.
2. Ms. 7633. Var. Roniaux. — Ms. 7615. Var. Rooniaux (le chien dans le *Roman du Renart*).

Qui bufche porte ;
Il ne fet pas de qu'eft fa porte.
Por ce fet mal qui li enorte
75   Se tout bien non.
Des beftes orrez ci le non
Qui de mal fère ont le renon
Tofjours éu.
Mult ont grevé, mult ont néu ;
80 Aus feignors en eft mefchéu
Et il f'en paffent.
Affez emblent, affez amaffent ;
C'eft merveille qu'il ne fe laffent.
Or entendez
85 Com Nobles a les iex bendez,
Et fe fon oft eftoit mandez
Par bois, par terre [1],
Où porroit-il trover ne querre [2]
En qui il fe fiaft de guerre
90   Se meftier ière ?
Renars porteroit la banière,
Roneaus, qu'à toz fet laide chière,
Feroit la bataille première,

1. Ms. 7615. Var. par mer.
2. Les six vers qui suivent sont tronqués dans le Ms. 7615. Ces altérations au texte primitif n'ont rien d'étonnant, car, bien que l'écriture de ce manuscrit soit du XIIIe siècle, la copie de *Renart le Bestourné* et celle de l'*Évangile des Femmes*, petite pièce satirique fort spirituelle que j'ai donnée dans mon recueil intitulé *Jongleurs et Trouvères*, y sont d'une main postérieure qui décèle environ le XVe siècle.

O foi nului.
95 Bien [1] vous puis dire de celui
Jà nus n'aura honor de lui
De par fervife.
Quant la chofe feroit emprife,
Yfengrins, que chafcuns defprife,
100 L'oft conduiroit ;
Où fe devient, il f'enfuiroit.
Bernart l'afne les déduiroit [2]
O fa grant croiz.
C'il .iiij. font fontaine & doiz,
105 C'il .iiij. ont l'otroi & la voiz
De tout l'ofté.
La chofe gift for tel cofté
C'onques rois de beftes n'ot té
Le bel aroi.
110 Cift font bien mefnie de roi ;
Il n'aiment noife ne defroi
Ne grant murmure.
Quant mefires Nobles pafture
Chafcuns f'en ift de fa pafture [3];
115 Nus n'i remaint;
Par tens ne faurons où il maint.
Jà autrement ne fe demaint
Por querre avoir,
Qu'il en porra affez avoir,
120 Et cil ont affez de favoir

1. Ms. 7633. Var. tant.
2. Ms. 7615. Var. conduiroit.
3. Ms. 7615. Var. closture.

Renart le Bestourné

Qui font fon conte.
Bernars gete, Renars mefconte:
Ne connoiffent honor de honte;
Roneaus abaie,
125 Et Yfengrins pas ne f'efmaie.
Le feau porte troupt qu'il paie¹,
Gart chafcuns foi :
Yfengrins a .i. filz o foi
Qu'à toz jors de mal fère foi ;
130 S'a non Primaut.
Renars .i. qui a non Grimaut.
Poi lor eft comment ma rime aut ²,
Mès que mal facent,
Et que toz les bons us effacent.
135 Diex lor otroit ce qu'il porchacent !
S'auront la corde,
Lor ouvraingne bien f'i acorde,
Quar il font fanz miféricorde
Et fanz pitié,
140 Sanz charité, fanz amiftié.
Monfeignor Noble ont tuit getié
De bons ufages :
Ses oftex famble uns reclufages.
Affez font paier de mufages
145 Et d'avaloingnes
A ces povres beftes lontaingnes
A cui il font de granz effoingnes.

1. Ms. 7633. Var. Le féel porte tropt que il paie.
2. Ms. 7615. Var. Pou si leur est coument mal ault (aille).

    Diex les confonde
  Qui fires eſt de tout le monde !
150 Et je r'otroi que l'en me tonde
    Se maus n'en vient ;
  Quar d'un proverbe me fovient,
  Que l'en dit : *Tout pert qui tout tient :*
    C'eſt à bon droit.
155 La choſe giſt ſor tel endroit
  Que chaſcune beſte voudroit
    Que veniſt l'Once [1].
  Se Nobles copoit à la ronce
  De mil n'eſt pas .i. qui en gronce,
160   C'eſt voirs fanz faille :
  L'en feuſche guerre & bataille,
  Il ne me chaut, mès que bien n'aille.

1. L'Once, l'ours, dans le *Roman du Renart*.

𝕰𝔵𝔭𝔩𝔦𝔠𝔦𝔱 𝔑𝔢𝔫𝔞𝔯𝔱 𝔩𝔢 𝔅𝔢𝔰𝔱𝔬𝔯𝔫é.

Du Pharisian,
ou
C'est d'Ypocrisie.

Mss. 7218, 7615, 7633.

SEIGNOR qui Dieu devez amer,
En qui amor n'a point d'amer,
Qui Jonas garda en la mer
　　Par grant amor
5 Les .iij. jors qu'il i fist demor,
A vous toz faz-je ma clamor
　　D'Ypocrisie
Cousine germaine Hérésie,
Qui bien a la terre saisie;
10 　　Tant est grant dame
Qu'ele en enfer metra mainte âme.
Maint homme a mis & mainte fame
　　En sa prison:
Mult l'aime-on & mult la prise-on;
15 Ne puet avoir los ne pris hom
　　S'il ne l'oneure:
Honorez est qu'à li demeure,

Grant honor a, ne garde l'eure ;
Sanz honor est qui li cort seure [1]
  En brief termine.
Gésir soloit en la vermine ;
Or n'est mès hom qui ne l'encline
  Ne bien créanz,
Ainz est bougres & mescréanz.
Ele a jà fet toz recreanz
  Ses aversaires.
Ses anemis ne prise gaires,
Qu'ele a baillis, provos & maires,
  Et si a juges,
Et de deniers plaines ses huges,
Si n'est cité où n'ait refuges
  A grant plenté ;
Partout fet mès sa volenté :
Ne la retient Nonostenté [2]
  N'autre justise :
Le siècle gouverne & justice.
Resons est quanqu'ele devise,
  Soit maus, soit biens.
Ses serjanz est Justiniens,
Et toz canons & Graciens.
  Je qu'en diroie ?
Bien puet lier & si desloie.

---

1. Ces trois vers sont l'équivalent de cette pensée moderne :
  Nul n'aura de l'esprit, hors nous et nos amis.

2. Terme de jurisprudence (le nonobstant des arrêts) que l'auteur personnifie.

S'en .i. mauvès leu enfailloie,
　　　Ne puet el eftre.
45　Or vous vueil dire de fon eftre,
　Qui font fi feignor & fi meiftre
　　　Parmi la vile :
　Diex les devife en l'Évangile,
　Qui n'eft de barat¹ ne de guile,
50　　　Ainz eft certaine :
　Granz robes ont de fimple laine²,
　Et fi font de fimple couvaine ;
　Simplement chafcuns fe demaine.
　Color ont fimple & pâle & vaine,
55　　　Simple viaire,
　Et font cruel & de put'aire
　Vers cels à cui ils ont afaire
　　　Plus que lyon
　Ne lyepart, ne efcorpion.
60　N'i a point de relegion,
　　　　C'eft fanz mefure ;
　Itel gent, ce dift l'Efcripture,
　Nous metront à defconfiture ;
　　　Car vérité,
65　Pitié & foi & charité,
　Et larguèce & humilité
　　　Ont jà fous mife ;

1. Ms. 7633. Var. truffe (tromperie) d'où *tartuffe*, trois fois trompeur.
2. Ceci est évidemment une allusion aux ordres mendiants, ainsi que le prouve, d'ailleurs, la suite de la pièce.

Et maint postiau de sainte Yglise,
Dont li uns plesse & l'autres brise,
70   Ce voit-on bien,
Contre li ne valent mès rien [1].
Les plusors fist de son merrien [2],
  Si l'obéissent,
Nous engingnent & Dieu traïssent:
75 S'il fust en terre il l'océissent,
  Quar il ocient
La gent qui vers aus s'umelient.
Assez font el que il ne dient :
  Prenez-i garde.
80 Ypocrisie la renarde,
Qui defors uint & dedenz larde,
  Vint ou roiaume;
Tost ot trouvé frère Guillaume,
Frère Robert & frère Aliaume,
85   Frère Giefroi,
Frère Lambert, frère Lanfroi [3];
N'estoit pas lors de tel effroi,
  Mès or s'effroie.
Tel cuide-on qu'au lange se froie
90 Qu'autre chose a souz la corroie,

1. Ceci pourrait bien être une allusion à Guillaume de Saint-Amour.

2. *Merrien* : voyez pour ce mot une des notes de la pièce intitulée *L'Estat du Monde*.

3. Je ne crois pas que ces noms s'appliquent spécialement à telles ou telles personnes; je pense qu'ils ont été imaginés par Rutebeuf pour désigner les ordres religieux.

DU PHARISIAN.

Si com je cuit[1] :
N'eſt pas tout or quanqu'il reluit.
Ypocriſie eſt en grant bruit ;
Tant a ouvré,
95 Tant ſe ſont li ſien aouvré,
Que par engin ont recouvré
Grant part el monde.
N'eſt mès nus tels qui la reſponde
Que maintenant ne le confonde
100 Sans jugement[2] ;
Et par ce véez plainement
Que c'eſt contre l'avénement
A Antecriſt.
Ne croient pas le droit[3] eſcriſt
105 De l'Évangile Jeſu-Criſt
Ne ſes paroles :
En leu de voir dient frivoles,
Et mençonges vaines & voles
Por decevoir
110 La gent, & por apercevoir
S'à pièce voudront recevoir
Celui qui vient,

---

1 Voici cette phrase traduite littéralement : « Il y a tel dont on pense qu'il se frotte au drap de laine, qui a quelque autre chose sous la ceinture, comme je le pense. » C'est une attaque contre les Jacobins, qui, d'après leurs statuts, ne devaient pas porter de chemise.

2. Ces mots *sans jugement* pourraient bien être une allusion à l'histoire et à l'exil de Guillaume de Saint-Amour.

3. Ms. 7615. VAR. vrai.

Que par tel gent venir covient;
Quar il vendra, bien m'en sovient,
Par ypocrites ;
Les prophécies en sont escrites :
Or vous ai tel gent descrites.

Explicit du Pharisien, ou de l'autre Dist d'Ypocrisie.

FIN DU PREMIER VOLUME.

TABLE
DU PREMIER VOLUME.

	Pages.
Notice sur Rutebeuf..........	v
C'eft de la povretei Rutebuef........	1
Le mariage Ruftebeuf................	5
La complainte Rutebeuf, ou Ci encoumence la complainte Rutebuef de fon œul, ou Ci encoumence le dit de l'ueil Ruftebuef......	13
C'eft la paiz de Rutebués, ou La prière Rutebuef.	22
De la griefche d'yver...............	26
La griefche d'efté.............	33
La mort Ruftebuef, ou Ci encoumence la repentance Rutebuef................	37
C'eft la complainte au roi de Navarre.........	44
Ci encoumence la complainte ou conte de Poitiers.	55
Ci encoumence la complainte dou conte Huede de Nevers......................	65
De mefire Gefroy de Sargines, ou Ci encoumence la complainte de Mgr Joffroi de Sergines.....	75
De maître Guillaume de Saint-Amour, ou Ci encoumence li diz de maître Guillaume de Saint-Amour & coument il fut efcilliez............	84

	Pages.
De maître Guillaume de Saint-Amour, ou La complainte de maître Guillaume de Saint-Amour..................	93
De monseigneur Anseau de l'Isle, ou Ci encoumence de monseigneur Ancée de l'Isle......	103
La complainte d'Outre-Mer, ou C'est la complainte d'Outre-Mer................	107
La complainte de Constantinoble, ou Ci encoumence la complainte de Constantinoble......	117
Ci encoumence la novele complainte d'Outre-Mer..............	129
Ci encoumence la Desputizons dou croisié & dou descroizié............	146
Ci encoumence li Diz de la voie de Tunes.....	161
Ci encoumence li Diz de Puille............	168
Ci encoumence la Chansons de Puille.......	174
De la Descorde de l'Université & des Jacobins, ou des Jacobins............	178
Ci encoumence li Diz de l'Universitei de Paris..	183
Les ordres de Paris................	187
Des ordres, ou La chanson des ordres.......	202
Des Jacobins, ou Le dist des Jacobins.........	208
Li diz des Cordeliers..............	214
Des Béguines, ou Ci encoumence li diz des Béguines..................	221
Des règles, ou C'est li diz des règles..........	224
Renart le Bestourné, ou Ci encoumence le diz de Renart le Bestournei............	233
Du Pharisian, ou C'est d'Ypocrisie..........	243

FIN DE LA TABLE DU PREMIER VOLUME.

ERRATA

Page 3, replacer le chiffre 1 de la note, disparu pendant le tirage.

Pages	Lignes	Au lieu de :	Lisez :
36	3	𝕽utebeuf	𝕽utebuef
83	15	𝔐onseignor	𝔐onseignor
84	1	𝔐aiſtre	𝔐aistre
»	3	𝔐aitre	𝔐aitre
92	23	𝔐eſtre	𝔐estre
93	1	𝔐aiſtre	𝔐aistre
96	20	li	l'i
214	4	amis	a mis
217	26	écrite	écrit.

ACHEVÉ D'IMPRIMER
LE XXXe JOUR DE JUIN MDCCCLXXIV,
APRÈS AVOIR ÉTÉ REVU AVEC SOIN
SUR LES MANUSCRITS
ORIGINAUX
PAR ACHILLE JUBINAL,
QUI AVAIT PUBLIÉ LA PREMIÈRE ÉDITION
PROPRIIS IMPENSIS ET CURIS.

ON TROUVE

CHEZ PAUL DAFFIS, LIBRAIRE,

7, rue Guénégaud,

Les Ouvrages suivants de M. ACHILLE JUBINAL :

1° **LA TAPISSERIE DE BAYEUX**, Ouvrage de la reine Mathilde, exécuté en 1066 et représentant la Conquête de l'Angleterre par les Normands. Ce document curieux reproduit toute la vie de nos pères, armes, chevaux, fêtes, prises de villes, festins, etc. — In-fol. format d'atlas.

    PRIX : En noir.................................... 70 fr.
             Sur papier de Chine................... 160
             Entièrement colorié d'après l'original. 290

2° **LES ANCIENNES TAPISSERIES HISTORIÉES DE FRANCE**, ou Collection des Monuments de ce genre les plus remarquables qui nous soient restés du onzième au seizième siècle. *Ouvrage qui a obtenu de l'Académie des Inscriptions une des trois médailles d'or décernées aux meilleurs travaux sur les antiquités nationales.* 2ᵉ édition. — 2 vol. grand in-fol. format d'atlas, texte illustré.

    PRIX : En noir, 22 livraisons à 15 fr., rel.. 330 fr.
             Sur papier de chine, à 40 fr. la liv.. 880
             Colorié, à 70 fr. la livraison........ 1540

3° **L'ARMERIA REAL**, ou Collection des principales pièces de la Galerie royale des Armes anciennes de Madrid, 2 vol. in-fol., texte illustré, avec 83 planches lithographiées et gravées, représentant les armes de toute l'Espagne célèbre, depuis le Cid jusqu'à Charles-Quint. — 2 vol. in-fol.

    PRIX : En noir........................ 105 fr. » c.
             Sur papier de Chine............. 157 50
             Coloriées....................... 210 »

4° **SUPPLÉMENT** à la Galerie des armes anciennes d'Espagne (*Armeria Real de Madrid*). 1 vol. in-fol. avec quarante planches formant dix livraisons et complétant les deux premiers volumes.

    PRIX des dix livraisons en noir............. 50 fr
             Sur papier de Chine................... 75
             Colorié............................... 110

5° **LA DANSE DES MORTS DE LA CHAISE-DIEU** (AUVERGNE), fresque inédite du quinzième siècle, publiée pour la première fois, représentant en grand costume les diverses conditions sociales de cette époque.

    PRIX : En noir.............................. 20 fr.
             Colorié.............................. 50

Les publications suivantes du même éditeur sont aujourd'hui épuisées :

6° **CONTES ET FABLIAUX INÉDITS**, empruntés aux manuscrits des Bibliothèques de France et d'Angleterre, 2 volumes in-8°.
    PRIX : Sur peau vélin tirés à 5 exemplaires.   300 fr.
    Exemplaire sur papier de Hollande   80
    Exemplaire sur papier ordinaire....   20

7° **JONGLEURS ET TROUVÈRES**, ou saluts, épîtres, resveries, sermons eu vers dits des métiers, et autres poésies du moyen âge, tirés des manuscrits de la Bibliothèque Nationale de Paris. Un volume in-8°.
    PRIX : Sur peau vélin, tirée à cinq exempl.   150 fr.
    Exemplaire sur papier de Hollande..   40
    Exemplaire sur papier ordinaire.....   10

8° **HENRI IV ET MONTAIGNE**, ou Lettre du Philosophe que sais-je ? au Béarnais, avec deux fac-simile, dont l'un reproduit le quatorzième autographe connu de l'auteur des *Essais*. In-8°.
    PRIX : ....   3 fr.

9° **NAPOLÉON A L'ÉLYSÉE**, ou Examen de l'acte additionnel en 1815, par M. de Sismondi. Un vol. in 8°.
    PRIX : ....   4 fr.

10° **THÉATRE DU XV° SIÈCLE**. Mystères inédits, publiés d'après le manuscrit unique de la Bibliothèque Sainte-Geneviève. 2 vol. in-8°.
    PRIX : ....   10 fr.

11° **LE JEU DE PIERRE DE LA BROCE**, chirurgien barbier de saint Louis et chambellan de Philippe-le-Hardi, qui fut pendu à Montfaucon, en 1278.
    PRIX : ....   5 fr.

12° **RAPPORT AU MINISTRE DE L'INSTRUCTION PUBLIQUE** sur les bibliothèques de la Suisse, (Berne, Genève, Saint-Gall.)
    PRIX : ....   5 fr.

13° **RAPPORT A M. DE SALVANDY** sur les manuscrits de la bibliothèque de La Haye. Un vol. in-8°.
    PRIX : ....   6 fr.

14° **LA LÉGENDE DE SAINT-BRANDAINES**. 1 vol. in-8. PRIX : ....   4 fr.

15° **UN SERMON EN VERS**. PRIX : ....   3 fr.

Paris. — Imp. Alcan-Lévy, 61, rue de Lafayette.

Lecteur Debonnaire,

Je ne veux achever ce Septième Volume sans t'avertir que les Œuvres de P. de Ronsard, présentement mises au jour pour la *dix-septième fois*, comprennent un volume sans lettre numérale qui doit être mis en tête des autres, et qui contient la Vie du Poète, ses Œuvres inédites, son Oraison funèbre, etc.; plus une Notice bibliographique, les Tables détaillées des Amours et des Odes, qui eussent enflé outre mesure les Tomes I et II; enfin une Liste alphabétique de tous ceux de ses Contemporains que Ronsard a nommés dans ses Œuvres.

Je dois aussi te confesser que tu y trouveras certaines fautes qu'un mieux instruit eût heureusement évitées et dont je note ci-dessous les plus capitales, laissant à ton savoir le soin d'amender les autres.

T. I. — Page 30. Le *Sonnet de l'auteur à son livre* est signalé à tort comme ayant paru pour la première fois en 1564. Il a été reproduit à la fin du t. V, tel qu'il avait été imprimé en 1552, à la fin de la première édition des Amours. — Page 50. Sonnet LXXXVII. Le nom de Saint-Gelais, qui figurait primitivement au 12ᵉ vers, a été bien vite remplacé par celui de *Des Autels*. — Page 398. La chanson : *Je te hay bien*, se lit de nouveau page 441. Une ou deux pièces peu importantes ont été ainsi répétées.

T. II. — Page 299. Six strophes de l'*Ode à Madame Marguerite*, retrouvées par M. Ed. Turquety dans l'éd. originale, sont imprimées au volume préliminaire. Elles concernent Saint-Gelais.

T. III. — Page 286. Après la ligne 8ᵉ, ont été omis huit vers; ils ont été rétablis page 305 de ce volume. — A la

Table après : LE BOCAGE ROYAL, on a omis : *le Panegyrique de la Renommée au Roy Henry III*... 265.

T. IV. — Page 177. Dans le sonnet dédicatoire de la *Charite*, manque le 7e vers :

Ny du peuple mordu, repris, ny envié.

T. VII. — Page 6. J'ai traduit à tort *Carolus Agenoreus* ('Αγήνωρ : Vaillant) par Charles Vaillant, pensant qu'il s'agissait d'un parent de Germain Vaillant de La Guesle, abbé de Pimpont. Je me suis aperçu trop tard que c'était *Charles d'Angennes*, cardinal de Rambouillet.

Il me reste encore, suivant l'exemple des anciens, à solliciter ton indulgence pour ce mien travail, consacré à la gloire du grand Vendômois, PIERRE DE RONSARD, travail auquel j'ai employé douze années, dans le dessein de t'être agréable, et enfin à te dire

A DIEU, BENEVOLE LECTEUR.

PROSPER BLANCHEMAIN.

ACHEVÉ D'IMPRIMER A NOGENT-LE-ROTROU,
PAR A. GOUVERNEUR,
LE XII MARS M. DCCC. LXVII.

www.ingramcontent.com/pod-product-compliance
Lightning Source LLC
Chambersburg PA
CBHW071241160426
43196CB00009B/1140